Florian Tintel

Die Magna Graecia aus der Sicht der mutterländischen Griechen

disserta
Verlag

Tintel, Florian: Die Magna Graecia aus der Sicht der mutterländischen Griechen, Hamburg, disserta Verlag, 2018

Buch-ISBN: 978-3-95935-438-7
PDF-eBook-ISBN: 978-3-95935-439-4
Druck/Herstellung: disserta Verlag, Hamburg, 2018

Bibliografische Information der Deutschen Nationalbibliothek:
Die Deutsche Nationalbibliothek verzeichnet diese Publikation in der Deutschen Nationalbibliografie; detaillierte bibliografische Daten sind im Internet über http://dnb.d-nb.de abrufbar.

© disserta Verlag, Imprint der Diplomica Verlag GmbH
Hermannstal 119k, 22119 Hamburg
http://www.disserta-verlag.de, Hamburg 2018
Printed in Germany

Inhaltsverzeichnis

1. Einleitung

Platon meinte einst, dass die Griechen wie Frösche seien, die um einen Teich sitzen, damit hatte er nicht unrecht, denn in der Großen Auswanderungszeit zwischen 750 und 500 v. Chr., dem archaischen Zeitalter, brachen in großen Mengen Menschen aus Griechenland auf, um in der Fremde eine neue Heimat am Mittelmeer und Schwarze Meer zu finden. In diesem kurzen Zeitraum wurden rund zweihundert Kolonien gegründet, womit auch Platons Aussage zu erklären ist.

Im Zuge dieser Untersuchung gibt es eine zentrale Frage, die durch Erarbeitung von unterschiedlichen Themen in den verschiedenen Kapiteln beantwortet werden soll, nämlich die Sichtweise der mutterländischen Griechen von der Magna Graecia. Unterschiedliche Aspekte sollen aufgezeigt und untersucht werden. Beginnend mit den Motiven und den Gründen für die Auswanderungen, da hauptsächlich nicht Kolonisierung, Machtausweitung einzelner Poleis und Handelsmöglichkeiten im Vordergrund standen, sondern vielmehr die Not des Nahrungsmittel- und Platzmangels in den Stadtstaaten des damaligen Griechenlands.

Ein Übergang zwischen Einführung und dem zweiten Teil der Arbeit soll durch mehrere Unterkapitel geschaffen werden, unter anderem wird auf die Rolle des Delphischen Orakels bei der Kolonisierung eingegangen, genauso wie die Vorbereitungen, die Überfahrt und die Bedeutung der Kolonien für die Metropoleis.

Der Zweite Teil setzt bei der Niederlassung und den für die Kolonisten schwierigen Beginn in der Magna Graecia fort. Anbau, Nahrungs- und Umgebungssuche, Errichtung von Befestigungsanlagen zur Verteidigung, gleiche Aufteilung der Gebiete untereinander, die ersten Kontakte und Auseinandersetzungen werden hier genauso erarbeitet und beschrieben wie die Beschaffung notwendiger Ressourcen.

Ein Bestandteil zur Beantwortung der Hauptfrage dieser Arbeit ist auch der Handel, da angenommen wird, dass dieser einer der wichtigsten Gründe für die Auswanderungen war, doch hatte dieser tatsächlich einen so hohen Stellenwert und falls ja, mit wem wurde hauptsächlich Handel betrieben? Relativiert sollte werden, denn besonders die ersten Generationen der Kolonisten sind nicht aufgrund der Handelsmöglichkeiten ausgewandert. Diese Interessen und Bemühungen sind erst Jahre und Jahrzehnte später aufgekommen, besonders dann, als sich auch in den Poleis Griechenlands herumgesprochen hat, was für ein Reichtum an Ressourcen und Land in Süditalien und Sizilien lag.

Der dritte Teil dieser Arbeit beinhaltet griechische Quellen in Bezug auf die ausgewanderten Kolonisten. Neben der Heranziehung von den drei griechischen Autoren Pindar, Thukydides und Herodot, sollen auch die Siedlergesetze der hypoknemidischen Lokrer für die Epioikie in Naupaktos und die Eidesvereinbarung Theras' um 600 v. Chr. in Bezug auf ihre Kolonie Kyrene weitere Einblicke geben, wie nicht nur Gesetze und Satzungen in Bezug zwischen Metro- und Tochterpolis funktioniert haben, auch unterschiedliche Aspekte deren Beziehungen aufzeigen.

Durch die Behandlung Pindars' Oden soll ein Bild der aus der Magna Graecia stammenden/zurückkehrenden und bei den unterschiedlichen Wettkämpfen siegreichen Männer gezeichnet werden, um hier auch eine Erklärung zu finden, wie diese in der einstigen Heimat bzw. Heimat ihrer Vorfahren aufgenommen, toleriert und ihre Leistungen in Sizilien anerkannt haben.

Thukydides beschreibt in seinen Büchern den Peloponnesischen Krieg, wobei auch die Magna Graecia, mit Hauptaugenmerk auf Sizilien, eine ziemlich bedeutende Rolle spielt. Unter anderem werden Verbündungen der befeindeten Poleis auf der Insel vorgezogen, als den athenischen Eindringlingen Eroberungen zu ermöglichen.

Herodot ist ein weitere Quelle die im Zuge dieser Arbeit behandelt wurde. Zwar werden in den neun Büchern nur sehr wenige Informationen über die Gründung von Kolonien und der Magna Graecia erwähnt, dennoch konnten mehrere Aspekte zur Beantwortung der Forschungsfrage dazugewonnen werden.

2. Die große griechische Auswanderungswelle und die Motive der Emigranten

In der heutigen modernen Geschichtsforschung wird zwischen drei verschiedenen Expansionswellen differenziert, wobei im Zuge dieser Arbeit ausschließlich die zweite, die sogenannte "Große griechische Kolonisation" eine Rolle spielt, welche ungefähr *"von der Mitte des 8. Jahrhunderts bis ungefähr 500 v. Chr."*[1] andauerte. Chronologisch gesehen kann diese Auswanderungswelle, auf die in dieser Arbeit eingegangen wird, auch als zweite betrachtet werden, da bereits zuvor im Zuge der Völkerwanderung im heutigen griechischen Gebiet unter anderem die Äoler und Ioner im Zeitraum des 11. und 9. Jahrhunderts v. Chr. über Thessalien auch Zentralgriechenland und die Peleponnes eroberten, um unter anderem über das Ägäische Meer einerseits die kleinasiatische Küste, andererseits die heutzutage für Touristen beliebten Inseln vor und bei Griechenland zu besiedeln beziehungsweise zu erobern. Neben dieser Bewegung sind auch die Völker der Dorer nicht zu vergessen, die ausgehend von Nordwestgriechenland ihr Gebiet Richtung Lakonien, Kreta, Kos und Rhodos im 13. Jhdt. v. Chr. ausbreiteten. Die Nordwestgriechen ließen sich hauptsächlich am griechischen Festland im Norden und Westen nieder, im Gebiet zwischen Ätolien bis nach Olympia auf der Peloponnes, inklusive den beiden Inseln Zakynthos und Kephallenia.

Nun wurde die erste große griechische Kolonisation sehr grob beschrieben und zusammengefasst, die zweite, die in dieser Arbeit behandelt wird, hatte eine Art „*Vorkolonisation*"[2], wie es der Althistoriker Klaus Rosen ziemlich treffend beschreibt, da es eine Form von Emigration gegeben hat, welche hauptsächlich von griechischen Händler betrieben wurde, die sich im Mittelmeerraum aufgrund des Warenaustausches Kenntnis über die Seefahrt und die Gebiete im Mittelmeerraum angeeignet haben. Später sollte sich herausstellen, dass genau dieses Wissen

---

[1] Miller 1997, 3
[2] Rosen 2000, 81

für eine in so einer großen Art und Weise wie es die griechischen Stadtstaaten getan haben, notwendig war, um erfolgreich Kolonien bilden zu können.

Auslöser der großen griechischen Kolonisation ab der Mitte des 8. Jahrhunderts war in Folge sozialer Unruhen die rasant ansteigende Bevölkerung in den Stadtstaaten. Dazu kamen noch Landknappheit und das durchaus harte Leben in den Poleis und deren Umland. Problematisch und mit Sicherheit ein weiterer Faktor für die Auseinandersetzungen auch innerhalb der Familien waren die Aufteilungen des Gebiets beim Tod des Vaters, da nicht nur der älteste den Grund erbte, sondern alle Söhne beziehungsweise Erben.

Genauer betrachtet konnte die Landwirtschaft nicht mehr den notwendigen Nahrungsmittelbedarf decken, folglich entstanden Rivalitätskämpfe innerhalb der Bewohner, Aufstände gegen die trotzdem gut versorgte Oberschicht entstanden und Missernten verschärften lediglich die Krisensituation im heutigen Griechenland. *„Over-population and land-hunger, as motives for the colonising movement, have always had to confront the objection that, whatever the level of population in the Greek cities in the second half of the eight century may have been, it was so much higher in the fifth, that supplementary factors must at least be called in to explain the early recourse to colonisation."*[3]

Des Weiteren ist das Gebiet des heutigen Griechenlands ziemlich gebirgig, was wiederum ein Nachteil bei der Bewirtschaftung möglicher Ackerflächen war. Auch damit ist ein Teil der bereits genannten Landknappheit zu erklären. *„The strongest of these factors, in my view, must have been injustices, perceived or real, personal or collective, in the distribution of land and the access to power. Hunger, as we have learned in earnest in recent decades, can exist in a generally well-fed society; the same could easily have been true of the hunger for land in early Greece."*[4]

---

[3] Snodgrass 2004, 2
[4] Ebd.

Anfangs war jedoch die Auswanderung in vielen Fällen nicht freiwillig, da oft auch aufgrund der Überbevölkerung und der sozialen Missstände Konflikte nicht vermieden werden konnten und demnach kriegerische Auseinandersetzungen keine Einzelfälle waren. Somit waren Gewinner und Verlierer dieses Kampfes die Folge. *„For sometimes internal dissensions gave occasion to the withdrawal of a discontented and defeated party, who hoped to find a more satisfactory home in a foreign land; circumstances which led to the founding of Syracuse by Archias from Corinth and of Tarentum by the fugitive Parthenii from Laconia."*[5]

In diesem Zusammenhang stellt die von Herodot überlieferte Geschichte des Dorieus und Kleomenes in Sparta einen eher außergewöhnlichen Fall dar. Um nicht zu sehr ins Detail zu gehen, sei lediglich bemerkt, dass ein Streit zwischen Brüdern um die Vorherrschaft des Königtums ausschlaggebend war und der Jüngere Sparta verließ und unter anderem nach Thera auswanderte. Eine andere Überlieferung berichtet, dass der jüngere Bruder aufgrund des Konflikts, den er verloren hat, in die einzige Kolonie Spartas verbannt wurde.

Dorieus wurde als zweiter geboren, war der stärkste unter seinen Altersgenossen, sein älterer Bruder Kleomenes schien angeblich geistig nicht ganz gesund zu sein, wurde jedoch dennoch Herrscher, was sein jüngerer Bruder nicht akzeptieren konnte und darauf einen Aufstand beginnt, den er verlor, und folglich verbannt wurde.[6]

Wie bereits erwähnt waren soziale und innenpolitische Spannungen sehr oft der Grund für Verbannungen, da Unruhen rasch in Auseinandersetzungen führen konnten. Doch nicht nur erzwungene Aussiedlungen spielten bei diesen Konflikten eine Rolle, sondern auch das von Platon verfasste „Nomoi", welches sein letztes Werk war und von Tugenden und seiner Ansicht nach „Gesetzen" handelt nach denen die griechische Bevölkerung leben sollte, handelt. Es wird unter anderem beschrieben, dass das Recht bestand, selbst die Polis zu verlassen, wenn es dem/der Bürger/in nicht mehr in dieser gefällt. Demnach hatte dieser/diese alle Rechte, mit dem

---

[5] Morris 1884, 485
[6] Hdt. 5, 39 ff.

11

Eigentum sich dort niederzulassen wo er will.[7] In diesem Zusammenhang wird unter anderem auch die Entstehungsgeschichte der Kolonie Himera in Sizilien genannt, von der wir von Thukydides zumindest grundlegende Informationen zur Gründung überliefert haben.

Einen anderen Aspekt schildert Platon, der darauf hinweist, dass in manchen Fällen sogar die gesamte Bürgerschaft von ihrer Heimat aussiedeln musste, *„besonders in der Zeit der Perserkriege werden die Unternehmungen der Kolonisationszeit zum Modell für einige Poleis, die der akuten Bedrohung durch ihre östlichen Nachbarn zu entgehen versuchten. "*[8]

In diesem Sinn muss unter anderem die Auswanderung, welche Herodot in seinem ersten Buch schildert, der Phokaier nach Elea genannt werden. In Folge dieser Vertreibung erschlossen sie große Gebiete im Mittelmeerraum und gründeten unter anderem Alalia auf Korsika und Massalia.

Genau dasselbe Schicksal erlitten unter anderem auch Einwohner von Byzantion, die bereits vor der Ankunft des persischen Heeres aus ihrer Polis auswanderten, um Sicherheit in Mesambria zu finden, wobei es hier nicht um eine neue Koloniengründung handelt, da diese bereits Jahre zuvor von der Polis Megara gegründet wurde.[9]

Weitere bekannte Kolonien dieses griechischen Stadtstaates sind Megara Hyblaia, welche 728 v. Chr. auf Sizilien gegründet wurde, Astakos und Herakleia.

Eine weitere aus dem persischen Krieg entstandene Kolonie im Mittelmeer ist Abdera, als die Teier, während im Zuge des Ionischen Aufstands von 500 bis 493 v. Chr., gezwungen wurden, vor dem persischen Feldherren Harpagos, auszuwandern, um eine neue Heimat zu finden. Die Auswanderungsgründe und Erwartungen unterscheiden sich von Fall zu Fall, jedoch gab es Stadtstaaten, welche durchaus gezielt Menschen auswandern ließen, um ihre Handelsinteressen zu verfolgen. Die wohl wichtigsten zu nennenden sind Phokaia, Korinth, Eretria, Milet, Chalkis

---

[7] Miller 1997, 50
[8] Ebd. 60
[9] Vgl. Hdt. 6, 33, 2

und Megara. *„Most colonies, however, were founded with the purpose of furthering the commercial interests of the parent state; and, in these cases, no doubt the reciprocal obligations of protection and deference would be fulfilled most completely and for the longest time.“*[10]

Auch Boardman schildert, dass nicht immer Konflikte, Bevölkerungs- und Versorgungsschwierigkeiten ausschlaggebend für Auswanderungen und dementsprechender Suche nach neuen Gebieten in der Magna Graecia waren, sondern *„meist der Handel einer Besitznahme vorausging, und daß im Falle einiger der frühestens Kolonien die Handelsbeziehungen und nicht die Bodenbeschaffenheiten bei der Wahl eines Platzes den Ausschlag gaben.“*[11]

Zu Beginn sahen viele Auswanderer neue, noch unerschlossene Möglichkeiten reich zu werden, nämlich mit dem Transport von Waren aus den neuen Kolonien in die sogenannten Mutterstädte. Aufschlussreich sind auch Quellen, die über die Auswanderungen berichten. Die wichtigsten liefern Herodot, Thukydides und Platon. Letzterer beschreibt die Auswanderung wie folgt: *„[...] diejenigen, welche aus Mangel des Unterhalts, des Besitzes entbehrend, sich bereitwillig zeigen, denen zu folgen, welche gegen die Habe der Besitzenden sie führen wollen; diese, als einen im Staate haftenden Krankheitsstoff, entsendet sie [die Polis] in möglichst freundlicher Weise, indem sie ihnen den Namen Kolonie beilegt, ein Fortschaffen mit schöner Bezeichnung.“*[12]

Aus dieser Aussage Platons kann durchaus eine ziemlich kritische Haltung erkannt werden. Er ist nicht gegen eine Auswanderung in die Weiten des Mittelmeerraums, jedoch bemängelt er die Art und Weise, wie mit vielen Landsleuten umgegangen wird. Somit ist auch nachvollziehbar, dass durch diese in vielen Fällen erzwungenen Aus- und Umwanderungen Bürgerkriege und Auseinandersetzungen nicht immer vermieden werden konnten. Demnach sollte darauf

---

[10] Morris 1884, 485
[11] Boardman 1964, 192
[12] Faure 1981, 21

hingewiesen werden, *„dass gerade die herrschende Klasse eindeutig von der Entfernung über-schüssiger Bevölkerung profitierte, für die in der Heimat keine ausreichende Lebensgrundlage vorhanden war. Denn diese mittellose Schicht konnte, auch wenn sie keine politische Macht besaß, ihre Unzufriedenheit zu einem politischen entscheidenden Faktor werden lassen. "*[13]

Da das damalige Leben durchaus nicht erfüllend und einfach war, viele das Leid, den Hunger und die Auseinandersetzungen nicht ertrugen, gab es nur mehr einen Ausweg aus dem Di-lemma: Die Auswanderung ins Ungewisse. Jedoch waren die Emigranten nicht nur auf der Su-che nach Nahrung und einem besseren Platz zu leben, sondern auch mit der Hoffnung erfüllt in der neuen Welt reich zu werden.

Doch auch die Auswanderungswelle und die damit in Zusammenhang stehenden Kolonien-gründungen im Mittelmeer fanden um 600 v. Chr. ihr Ende. Ein wesentlicher Faktor war mit Sicherheit, dass immer weniger geeignete Gebiete vorhanden waren, um dort eine Kolonie zu errichten. Außerdem erlangten die Perser immer mehr Macht und verschlossen den Ostmittel-meerraum. Auch in den potenziellen Gebieten gab es Veränderungen, da sich die Bevölke-rungsgruppen unter anderem immer mehr konsolidiert haben.

2.1. Die Bedeutung der neuen Kolonie

Bevor die Begriffe Kolonie, Apoikia und Kolonisation behandelt werden, sollte darauf hinge-wiesen werden, dass eine Kolonie nicht immer sofort eine solche war, sondern der Beginn in manchen Fällen ganz woanders lag und die Bedeutung des Handels umso mehr verdeutlicht. Denn bei einigen Gründungen waren Handelsinteressen durchaus ausschlaggebend, somit ent-standen manche griechische Ansiedlungen im Mittelmeer nicht aufgrund von Landknappheit, sozialen Unruhen und Hungersnöten in der Heimat, sondern um vorerst einen Handelsposten

---

[13] Miller 1997, 85

zu errichten der wiederum unterschiedliche Zwecken diente. Beispielsweise sollte dieser wichtige Handelswege schützen, *„ wie das bei der Eroberung und Neubesiedlung von Korkyra durch Korinth der Fall war. "*[14] Daher unterschieden bereits Herodot und Thukydides zwischen den Begriffen „Apoikia" und „Emporion". Letzteres wurde als eigenständiger Markt- und Handelsplatz gesehen, welcher in jeder Polis vorhanden war, jedoch liegt genau hier der Unterschied. Es sollte hier zudem noch angemerkt werden, dass die damaligen Griechen den Begriff „Kolonie" noch nicht in der Art und Weise kannten, wie wir heutzutage beziehungsweise die Römer ein paar Jahrhunderte später, da das Wort selbst vom lateinischen „colonia" stammt und erst dann ihre Bedeutung erlangte.

Es gab bereits vor der Großen Auswanderungswelle solche Handelsplätze, die lediglich dazu dienten, um Waren zu kaufen und zu verkaufen. Diese waren nur wenig besiedelte Handelsniederlassungen außerhalb Griechenlands, welche lediglich aus einem Hafen und ein paar Schlafstätten bestanden. Dennoch, wie bereits erwähnt, hatte das Emporion sozusagen das Potenzial, zu einem späteren Ziel von Siedlungs- und Koloniegründungen zu werden. In der Forschung wird daher der Begriff „Emporion" als Abgrenzung von Koloniegründungen, welche folglich als vollwertige Polis angelegt wurden, verwendet. *„Emporion ist eine Doppelstadt, durch eine Mauer getrennt, weil sie früher Indiketen zu Nachbarn hatten, die, obgleich im Besitz eines eigenen Gemeinwesens, doch der Sicherheit wegen einen gemeinschaftlichen Umfassungswall mit den Hellenen haben wollten; der war doppelt, geteilt von einer Mauer mitten durch die Stadt. Mit der Zeit aber haben sie sich zu einem und denselben, aus barbarischen und hellenischen Bräuchen vermischten Gemeinwesen vereinigt, was auch bei vielen anderen der Fall war. "*[15]

---

[14] Murray 1985, 137
[15] Strab.b. III, 4, 8

Nun zum Begriff Kolonie, der in der griechischen Antike eine ganz andere Bedeutung und unterschiede darstellt als jener, der in der Neuzeit verwendet wurde, da die Bewohner der Stadtstaaten nicht in einer Konkurrenz zu jemandem anderen standen und auch nicht mit so großen militärischen Mitteln kolonisiert wurde.

Einer der wohl größten Unterschiede in der Bedeutung des Begriffs ist jener des Vorhabens ein großflächiges Territorium einzunehmen, um dort über Rohstoffe und Produkte zu herrschen. Dieser Aspekt hatte bei den Auswanderern fast keine Bedeutung, doch stellt sich die Frage, welche Gründe es für die Bewohner der verschiedenen Poleis gegeben hat, aus ihrer Heimat ins Unbekannte aufzubrechen.

Unter der Bezeichnung Kolonie versteht man in der Neuzeit und heutzutage ein auswärtiges Gebiet, welches außerhalb des angestammten Siedlungsgebietes liegt und das dortige Land von den „Neuankömmlingen" eingenommen wird, um dieses zu kultivieren beziehungsweise einzunehmen und zu ihrem Zweck zu verwenden. In der griechischen Antike und im Sprachgebrauch kommen selbstverständlich nicht die Bezeichnungen „Kolonisation" oder „Kolonie" vor, sondern der Begriff „Apoikia". *„Er stellt implizit den Bezug zu einem konkret erfaßbaren und abgrenzbaren Herkunftsgebiet, zu einem „Haus" als festem Wohnsitz her, aus dem das neue Gebilde hervorgegangen ist. Ein solches „Haus", eine solche Heimat aber ist in Griechenland jeweils die entwickelte Polis, die damit zu einer Mutterpolis wird, und nur im Rückbezug auf sie kann eine Neugründung [...] also „Tochtergründung" genannt werden."*[16]

Des Weiteren, wenn der Begriff etymologisch betrachtet wird, bedeutet das Wort „Apoikie" die *„Verzweigung des Hauses."*[17]

Im Bezug dazu sollte außerdem erwähnt werden, dass das Prinzip und die damit zusammenhängende Gesellschaftsform der Polis, die die griechischen Emigranten von klein auf kannten, im neuen und für sie unbekannten Gebiet weiterführten und dort ebenfalls einen selbstständigen

---

[16] Blumenthal 1963, 15
[17] Barta in Rollinger (Hrsg.) 2007, 41

Stadtstaat gründeten. Passend trifft es auch Kirsten mit der Formulierung, dass die *„Kolonisation im griechischen Sinne [...] [eine] Ansiedlung in einer neugegründeten Polis im fremdem, barbarischen, d. h. nicht griechisch oder gräzisierten Volksgebiet [ist]. Das Mutterland verfolgt keine eigenen politischen oder wirtschaftlichen Interessen in kolonialen Neuland.* "[18]

Die wesentlichsten Punkte im Zusammenhang einer Polis ist ihre Autonomie und Autarkie, was wiederum bedeutet, dass die Einwohner der neu gegründeten Apoikia unabhängig und eigenständig von der Mutterpolis sind. Hiermit sind jedoch auch die Selbstbehauptung und die Selbstständigkeit wichtige Faktoren, denn nach dem Verlassen der einstigen Heimat waren die Auswanderer auf sich selbst beziehungsweise auf die Gemeinschaft gestellt. Anders sieht es der Archäologe Snodgrass, der behauptet, *„the colonies ramain[ed] firmly tied to the apronstrings of their mother cities'.* "[19] Ein Punkt, der diese Aussage eher falsifiziert beziehungsweise ins Abseits drängt ist jener, dass die meisten Kolonien weitgehend unabhängig von den Mutterstädten waren, jedoch in sehr vielen Fällen ein enger Kontakt weiterhin vorhanden war. Alleine der Handelsaspekt spielte hier eine zu wichtige Rolle, auf den noch genauer in einem folgenden Kapitel eingegangen wird.

Weitere wesentliche Aspekte bei der Gründung einer neuen Polis sind einerseits der Verlust des Bürgerrechts in jener Polis, in der man gelebt hat, andererseits die Absichten der Mutterstädte bei der Aussiedlung von Männern, denn in Bezugnahme auf die Möglichkeiten, die neue Gebiete und dortige Niederlassungen ergaben, hatten die Poleis auf dem griechischen Festland keine Forderungen an jene, die ihre Heimat verließen. Das bedeutet, dass die Apoikia ihre Mutterstadt keine Abgaben leisten musste, nicht verpflichtet waren Güter oder Waren an diese zu liefern. Sie waren in fast allen Fällen unabhängig. *„Denn sie werden ausgeschickt, nicht um Sklaven der Zurückgebliebenen zu sein, sondern vielmehr um gleiche Rechte mit denselben zu*

---

[18] Kirsten 1963, 184
[19] Snodgrass 2004, 3

17

genießen. "[20] Die neugegründeten Orte in der Magna Graecia waren vielmehr Bestandteil für den Ruhm und die Macht der Mutterpolis und der Griechen, die es schafften sich scheinbar überall dort niederzulassen wo sie es wollten.

In diesem Zusammenhang lassen sich laut Blumenthal mehrere Aspekte einer Apoikia herauserkennen, beispielsweise die Abstammung aus der Mutterpolis. Das wohl oberste und wichtigste für die Auswanderer in Bezug auf das Zusammenleben und der Gründung einer Kolonie war das Prinzip der Gleichberechtigung, welches laut Platon *„im fünften und vierten Jahrhundert"*[21] fest in den Wurzeln der Koloniengründung verankert war.

Es sollte auch nicht vergessen werden, dass eine Einmischung und Kontrolle seitens der Mutterstädte so gut wie überhaupt nicht in dieser Zeit möglich gewesen wäre, da die Schiffsfahrten und Überquerungen im Mittelmeerraum zu lange gedauert hätten und zudem ein *„ausgeprägte[r] politische[r] Individualismus [jener Faktor ist], der am stärksten jede Beherrschung einer Kolonie von Seiten ihrer Mutterstadt verhindert hat."*[22]

Jedoch gab es auch hier eine *„einzige Ausnahme, bei der von politischer Untertänigkeit der Kolonien gegenüber einer Metropolis und damit von einer Art Kolonialreich gesprochen werden kann."*[23] Gemeint ist die organisierte Gründung von Kolonien unter der Macht von korinthischen Tyrannen, die mit der Erweiterung des Gebiets versuchten, ihren Einflussbereich zu vergrößern.

Im Zuge dieser Auswanderungswelle sollte auch zusammengefasst die Haltung der Emigranten hinsichtlich der Mutterpolis erwähnt werden, welche nicht vollkommen uninteressant in diesem Kontext ist, wenn bedacht wird, dass genau diese meist verdrängt und aus ihrer Heimat ausgewiesen wurden. Doch wie blieben die neu gegründeten Poleis, die im Raum des Mittelmeeres

---

[20] Thuk.a. 1, 34
[21] Plat.a. leg. V 745 C
[22] Blumenthal 1963, 18
[23] Ebd. 16

beziehungsweise des Schwarzen Meeres aufgrund von erzwungenen Auswanderungen entstanden, mit der Mutterstadt in Verbindung?

Mehrere Aspekte sollten hierzu erwähnt werden, unter anderem die moralischen Verpflichtungen und die religiösen Bindungen, die eine weitere Verbindung mit der einstigen Heimat nicht nur ermöglichte, sondern auch erforderte, wenn beispielsweise die Ehrenrechte, von denen Herodot und Thukydides berichten, in Betracht genommen werden. Denn einerseits wurden *„zu den Hauptfesten der Mutterstadt Festgesandte und Opfer geschickt"*[24], andererseits gab es unter anderem auch Ehrenplätze für die hohen Beamten und Führer der Mutterpolis, wenn in einer der Kolonien ein bedeutendes Fest gefeiert wurde. Erstgenannter griechischer Geschichtsschreiber schildert unter anderem in seinem ersten Buch, dass trotz in vielen Fällen erzwungener Auswanderung dennoch *„das heilige Feuer im Prytaneion unmittelbar aus der Heimat"*[25] mitgenommen wird, was eine Verbindung zum Geburtsort nahe legt.

An dieser Stelle sollte trotzdem nicht vergessen werden, dass bei sehr vielen Auswanderern hauptsächlich der Zorn und die Verachtung gegenüber der Mutterstadt und den damit verbundenen Herrschern vorhanden war, wenn bedacht wird, dass sehr viele von der Heimat vertrieben wurden. In diesem Zusammenhand gibt es einen nicht gleich einleuchtenden Aspekt bei der Gründung einer Kolonie, da es ein alter Brauch war, einen von der Mutterpolis bestimmten Anführer bei der Reise mitzunehmen, der als Leiter einerseits die Verantwortung, andererseits die Befehlsmacht bei der Expansion hatte und somit über jene, die von der Polis verstoßen beziehungsweise verbannt wurden, stand und entschied.

Ein weiterer hier zu nennender Aspekt in der neu gegründeten Kolonie ist die Rolle jedes einzelnen und des Landes, welches okkupiert wurde, denn mit der Auswanderung aus der Heimat verlor man, wie bereits erwähnt wurde, das Bürgerrecht dieser Polis, erhielt jedoch durch die Landnahme und der Zuteilung eines Grundstücks im neuen Gebiet das Vollbürgerrecht des

---

[24] Blumenthal 1963, 18
[25] Hdt. I, 146

neuen Stadtstaates. Somit war nun dieser Bürger nicht nur umso mehr an die neue Kolonie gebunden, hatte Rechte inne und Pflichten zu erfüllen, sondern musste, wenn ihm die Heimreise aufgrund von Handel oder anderer Gründe gestattet wurde, einen nahen Verwandten als „Ersatzmann" hinterlassen, nämlich Bruder oder Sohn.[26]

Abschließend muss noch der Begriff „Kleruchie" definiert werden, da, besonders Athen nach 500 v. Chr. das Kleruchiensystem als Instrument zur Erweiterung ihres Macht- und Wirtschaftspolitik verwendete. Ein gutes Beispiel hierfür liefert eine Marmorstele aus der athenischen Akropolis, die Brodersen et al. 1992, I Nr. 108 in seinem Buch übersetzte und vom Volksbeschluss über ein Abkommen mit Mytilene bezüglich athenischer Kleruchen auf Lesbos handelt.

Kleruch bedeutet so viel wie Ansiedler der ein gewisses Land erhält, welches im Zuge eines Krieges erobert worden war und vom Staat in einem Losverfahren erhielt. Näher darauf eingegangen wird in Kapitel 6, wo die beschriebenen Gesetze und Rechte in Kolonien und deren Mutterstadt verglichen und betrachtet werden. Unter anderem ist interessant zu erkennen, dass Kleruchen weiterhin das Bürgerrecht ihres Heimatstaates behielten, verpflichtet waren Steuern zu entrichten und Militärdienst zu leisten, was, besonders auch im Vergleich zur Magna Graecia, einen sehr großen Unterschied darstellt, da dort eine absolute Unabhängigkeit auf verschiedenen Ebenen von der Mutterstadt bestand. Zwei wesentliche Unterschiede sind demnach zwischen einer Apoikia, Kleruchie und eines Emporions zu erkennen. Eine Kleruchie war immer von der Mutterstadt abhängig und wurde aufgrund von militärischen Entscheidungen gegründet, wobei erwähnt werden muss, dass hier meist mehrere Lösungen auf Probleme der Mutterstadt gefunden wurde, sei es die Landknappheit, die damit verbundene Nahrungsknappheit oder die militärische Sicherung von neu erschlossenen Gebieten.

---

[26] Blumenthal 1963, 21

Zusammengefasst ist der Unterschied zwischen einer Apoikia und einer Kleruchie in mehreren Bereichen zu erkennen: Erstens ist eine Kolonie unabhängig und musste keine Steuern beziehungsweise Militärdienst verpflichtend leisten, zweitens fand eine Koloniegründung, besonders in der Großen Kolonisationsphase, in einem fremden Land statt, so zum Beispiel in Süditalien oder Frankreich, und drittens entwickelte sich so eine Kolonie rasch zu einer eigenständigen und autonomen Polis, die eigene Bürgerrechte hatte. Ein weiterer Punkt ist der Vorgang, der bei der Aussendung und Errichtung einer Kolonie stattfand, mit der Ernennung eines oder mehrerer Oikisten und der Befragung eines Orakels. Als wichtig wurden auch die Stiftungsurkunden und die damit zusammenhängenden Verbindungen zwischen Mutter- und Tochterstadt angesehen, die unter anderem die weiteren Beziehungen regeln sollten.

Außerdem wurde zwischen privaten und staatlichen Koloniengründungen unterschieden, beispielsweise hat bereits Herodot die Kolonie Kyrene als staatliche Kolonie gesehen, andererseits kann Thera als privates Unternehmen betrachtet werden.

2.2. Die Koloniegründung als Förderer des Gleichheits- und Gerechtigkeitsdenken

In diesem kurzen Unterkapitel soll die Frage nach dem Gleichheits- und Gerechtigkeitsdenken beantwortet werden, da diese eine wichtige Antwort auch auf die Fragestellung dieser Antwort liefern kann. *„Ein für die künftige gesellschaftliche und vor allem die politisch-rechtliche Entwicklung vieler griechischer Gemeinwesen hoher Wert scheint durch die Kolonisation zusätzlich gefördert worden zu sein: die rechtliche und politische Gleichheit der die Heimat verlassenden Bürger im neuen „Staat".*"[27] So wie es einst die USA für viele Millionen Menschen als Neubeginn gesehen wurden, können auch Gebiete, wie zum Beispiel die Magna Graecia, in der griechischen Antike als verlockende Chance von Griechen gesehen werden, die einen gesellschaftlichen und politischen Neuanfang suchten und fanden. In fast allen Fällen wurden die

---

[27] Barta in Rollinger (Hrsg) 2007, 46

Koloniegründungen von der Mutterpolis geleitet, was dazu führte, dass immer wieder Gedanken zu Themen wie Recht, Institutionen, Verfassung, Gerechtigkeit, wie zum Beispiels bei der Landesverteilung, gemacht werden mussten. Das sogenannte Kollisionsrecht zwischen Mutter- und Tochterstadt spielt eine sehr große Rolle, wie es unter anderem in Unterkapitel 6.1. zwischen Thera und Kyrene beschrieben wird.

Besonders zwei Bereiche spielen hier eine große Rolle, einerseits das Heimkehrrecht, welches nur in wenigen Gesetzen verankert war, andererseits die weiterführende und enge Verbindung zwischen Mutterstadt und Kolonie, die immer wieder auch für Probleme sorgte und somit das Bild der mutterländischen Griechen von den Kolonien eher negativ behaftet war, doch auch umgekehrt kann dies behauptet werden, wenn beispielsweise Gesetze und Eidesvereinbarungen, wie im Falle von Thera und Kyrene, nicht eingehalten werden.

Abschließend möchte ich noch einen Einblick in das Gleichheits- und Gerechtigkeitsdenken liefern, welches, wie bereits erwähnt, auch für die Beantwortung der Fragestellung dieser Arbeit Bedeutung hat, da ein Neubeginn eines Auswanderers als etwas positives gesehen wird, aber auf der anderen Seite eine zwanghafte Aussiedelung eines Bürgers in eine neu zu gründende Kolonie als etwas negatives und somit auch die Beziehungen der Individuen hinsichtlich der Mutterpolis sehr unterschiedlich waren. Jedoch sollte nicht dies in Betracht genommen werden, da oft auch Menschen einer anderen Polis an der Gründung teilnahmen und immer, wenn es eine staatliche Expedition war, ein Leiter, der von der Mutterstadt ausgewählt wurde, die Verantwortung hatte. Dennoch muss der Neubeginn von allen Teilnehmern für die Beantwortung der Frage, nach der Sichtweise und den damit zusammenhängenden Beziehungen zu der griechischen Mutterpolis am Festland, gestellt werden, da alle als gleichberechtigt angesehen wurden, was auch bei der Verlosung des Landes wiedergespiegelt wird.

Dieses Gleichheitsdenken hat nach der Gründung der Kolonie mit Sicherheit einen positiven Bestandteil bei der weiteren Entwicklung gehabt, auch in Bezug auf die Mutterpolis, mit der weiterhin Kontakt und Handel betrieben wurde. Gegenübergestellt muss die Sichtweise der

Festlandgriechen, die je nach Möglich- und Tätigkeit mehr oder weniger Beziehungen mit den einstigen Mitbürgern, den nunmehrigen Bürgern einer neuen Kolonie/Polis, hatten.

Die Frage, nach dem Bild der mutterländischen Griechen von der Magna Graecia kann erst mit Hilfe von weiteren unterschiedlichen griechischen Quellen und den dort geschilderten Sichtweisen beantwortet werden, jedoch gab es keine generell negativen Einstellungen gegenüber denjenigen, die einst nach Süditalien oder Sizilien ausgewandert sind beziehungsweise auswandern mussten. Weitere Gründe für das eher positive Bild der Magna Graecia und den dort lebenden Griechen bei den Festlandgriechen waren einerseits die Möglichkeiten die man auch selbst, wenn man es wollte, in einer dieser Kolonien finden konnte, andererseits sah man die Leistungen, wie zum Beispiel die Errichtung einer Kolonie und die damit zusammenhängende Behauptung gegen Barbaren im Sinne für die griechischen Menschen als heldenhaft an, wie es beispielsweise Pindar auch in manchen seiner Oden erwähnt.

2.3. Die Auswanderung – Ein schwieriges Unterfangen mit ungewissem Ausgang?

Um diese Frage beantworten zu können, muss zuerst dargestellt werden, wie überhaupt eine Auswanderung ungefähr ausgesehen hat, welche Schiffe verwendet wurden und welche logistischen Aufgaben vorerst zu erfüllen waren, um erfolgreich von der griechischen Heimat Kolonien gründen zu können. Antworten auf diese Fragen sollen in den folgenden Kapiteln erarbeitet werden.

In der ersten Auswanderungswelle zogen die Auswanderer unter anderem nach Kleinasien, Palästina und Zypern, *„bei der zweiten Auswanderungswelle dann waren die überzähligen Einwohner der engen Küstenstädte des alten Griechenland[s], von Chalkis, Korinth, Aigina und* *den Städten der Äolis und Ioniens zu noch entfernteren Horizonten aufgebrochen: nach Thra-*

kien und Byzanz, zu den südlichen Küsten des Schwarzmeeres, nach Süditalien und nach Sizi-

lien, wo die Phöniker Handelsniederlassungen besaßen. "[28]

Grundsätzliche Notwendigkeit für den Erfolg der Auswanderungen war das geografische Wis-

sen im Mittelmeerraum, welches von den Kaufleute, Seefahrern und erfahrenen phönizischen

Händlern übernommen wurde. *„Fest steht, daß man Informationen über Plätze, die für koloni-*

ale Entwicklung geeignet waren, nur aus den Berichten von Kaufleuten gewonnen haben

konnte, die bereits die Küsten des westlichen Mittelmeeres ausgekundschaftet hatten. "[29]

Des Weiteren waren *„seit mykenischer Zeit [...] bereits die Küsten des Mittelmeeres bereist*

worden, und besonders in Unteritalien,
Ostsizilien, auf den Äolischen Inseln und in
Sardinien war es zeitweilig zu festen Sied-
lungen gekommen. Die sich häufenden Fun-
den lassen mittlerweile gar von einer Phase
der „Mykenischen Kolonisation" spre-
chen.* "[30]

Einen weiteren ausschlaggebenden Punkt
stellt die Expansionsrichtung dar, welche
durch Abbildung 1 veranschaulicht wird.
Die Griechen haben sich, vom griechischen

**Abbildung 1 Die Expansionen griechischer Emigranten im Mittel-
meerraum während der großen griechischen Auswanderung**

Festland aus, fast ausschließlich Richtung Westen im Mittelmeer konzentriert, da in diesen Ge-

bieten keine oder nur wenige politische Autoritäten als Gegner auftreten konnten beziehungs-

weise dort nicht so große und mächtige Reiche herrschten, wie es im Süden und Osten der Fall

---

[28] Faure 1981, 21
[29] Boardman 1964, 192
[30] Mertens 2006, 15

war, doch mehr dazu unter anderem im Unterkapitel 2.3.4. in Bezug auf Sizilien, und hinsichtlich Süditalien im 4. Kapitel.

Wie bereits erwähnt, war die rasche und große Bevölkerungszunahme innerhalb von wenigen Jahren der wohl bedeutendste Aspekt für die massenhaften Auswanderungen und somit auch für die Kolonienbildung im Mittelmeerraum. Die meist von den griechischen Poleis organisierten und unterstützten Reisen in die Weiten des Mittelmeerraums wurden außerdem noch durch Informationen von Händlern, aber auch von bereits ausgewanderten und mit dem Import von Waren in die einstige Heimat zurückkehrenden und oft durch den Handel wohlhabend gewordenen Männern gefördert. Das stärkte Ansehen und Interesse für eine eigene mögliche Auswanderung in eine dieser bereits vorhandenen Kolonien.

Somit konnte mit Sicherheit auch ein Teil des hohen Bevölkerungsdrucks auf Grund des steigenden Nahrungs- und Ressourcenmangels und die damit in Verbindung stehenden Missstände und Probleme gelöst werden.

Im Laufe der Zeit, nachdem sozusagen die vorkoloniale Kontaktaufnahme mit den westlichen Inseln, Ländern, Seerouten und den physischen Möglichkeiten und Eigenschaften der dort lebenden Einheimischen gesammelt wurden, stieg auch das Interesse anderer, um ihr Glück in einem dieser Gebieten zu suchen. Somit wurden immer mehr Entdeckungen im Mittelmeerraum gemacht. Auch dort stieg die Bevölkerung an, doch im Gegensatz zu den heimischen griechischen Stadtstaaten war in den meisten Kolonien ausreichend Platz vorhanden. Dies führte wiederum dazu, dass binnen einer Generation etliche Kolonisten sozusagen ausgebildet und in andere Gebiete des Mittelmeerraums gesandt wurden, um weitere Kolonien zu gründen. Der große Unterschied zwischen dem griechischem Festland und den weitreichenden Möglichkeiten in den neuen Gebieten und Inseln lag unter anderem in den Gegensätzen, die den Ausgewanderten dort geboten wurden und vorhanden waren. Auf der einen Seite standen Landknappheit und die daraus folgenden Hungersnöte und sozialen Missständen, andererseits stand in Sizilien und Süditalien Ackerland im Übermaß zur Verfügung, welches an den Küstenebenen aus fruchtbarem Schwemmland bestand.[31]

2.3.1. Die Rolle des Delphischen Orakels

Theresa Miller beschreibt die Bedeutung des Delphischen Orakels als *„Auslöser für die Gründung einer Kolonie"*[32] und verweist auf Pindar und Herodot, die erörterten, dass oft die Prophezeiungen und Aussagen tatsächlich ausschlaggebend für die Auswanderungen waren. Herodot schreibt zudem auch noch in einem Abschnitt des fünften Buchs, dass es vor einer Abreise verpflichtend war, das Orakel von Delphi zu befragen.

Doch welche Rolle spielte dieses für die Festlegung und Auswahl des Ortes bei der Koloniengründung, aus welchem Grund musste das Orakel überhaupt befragt werden und wieso wurde ausschließlich dieses Orakel befragt und nicht eines der rund 50 anderen?

Auf die letzte Frage findet sich ziemlich rasch eine Antwort, die unter anderem in den „Gesetzen" Platons zu lesen sind. In diesen steht beispielsweise, dass *„ bei der Gründung einer Kolonie die kultischen Anweisungen der anerkannten Orakelstätten, nämlich die delphische, die des Apollon von Dodona und die des Zeus Ammon, zu respektieren, sowie auch andere alte Sprüche (vgl. Pl. Lg. 738c). Eine ähnliche Verbindung findet man auch Ar. Av. 716 […]. Es handelt sich wohl einfach um eine Zusammenstellung der berühmtesten Orakelstätten. "*[33]

Um die anderen Fragen beantworten zu können, sind mehrere Aspekte bei der Befragung und Rolle des delphischen Orakels zu berücksichtigen.

Einerseits soll dieses aufgrund der vielen Erfahrungen mit den Reisenden und den damit in Zusammenhang stehenden Befragungen eine Vielzahl von Gebieten im Mittelmeerraum gekannt haben, was auch auf ein großes geographisches Wissen zurückzuführen ist. Somit konnte

---

[31] Mertens 2006, 16
[32] Miller 1997, 85
[33] Ebd. 89

das Orakel den Reisenden deuten, wohin sie segeln beziehungsweise von wo sie sich fernhalten sollten. Ob dies wirklich zutrifft sei dahinzustellen, wesentlich wichtiger und plausibler ist hingegen die damit in Verbindung stehende Erlangung des göttlichen Schutzes vor der Reise in das Unbekannte und die Zustimmung der Götter.

Vielleicht spielte auch die Ehrfurcht vor der Reise und dem Zorn der Götter eine große Rolle, um doch Prophezeiungen zu erhalten. Wahrscheinlich kamen hier auch die von Generationen überlieferten Bräuche bei der Kontaktierung des Orakels eine bedeutsame Rolle zu.

Aufgrund der zahlreichen Befragungen erhielt das delphische Orakel im Laufe der Zeit immer mehr die Position der Entscheidungskraft in Bezug auf Kolonisations- und Expansionsfragen. Auch in Streitfragen wurde dieses als Schiedsrichterin eingesetzt und erhielt entscheidende Funktion, um eine Lösung in vielerlei Belangen zu finden. Beispielsweise überliefert Diodor in seinem zwölften Buch, dass die Bevölkerung der sizilianischen Polis Thurioi darüber stritt, wer bei der Gründung von einer weiteren Kolonie der Anführer sein soll, was auch auf die den aufkommenden Peloponnesischen Krieg zurückzuführen ist, da die Bewohner nicht einig waren, ob sie sich auf die Seite Spartas oder Athens stellen sollten. Thurioi sah sich als panhellenische Kolonie an und nicht zu Athen zugehörig. Die Streitfrage der Zugehörigkeit, aber vor allem die Frage, wer überhaupt die Expedition anführen soll, wurde an das Orakel von Delphi weitergegeben und die Beantwortung als Lösung akzeptiert.[34]

Als kurzer Exkurs und somit Beispiel für die zahlreichen Befragungen kann die einzige von den Spartanern gegründete Kolonie in Süditalien genannt werden, nämlich Tarent, die an einem besonders guten und strategisch günstigen Gebiet gegründet wurde und mit einer legendenhaften Geschichte zusammenhängt, in der auch das Orakel von Delphi eine wesentliche Rolle spielt.

---

[34] Vgl. Diod. XII.35.2

Demnach soll Phalantos, der Führer dieser Expansion, das Orakel vor der Abreise befragte haben, wohin er segeln soll. Als Antwort erhielt er, dass er beim Kap Satyrion eine Stadt gründen soll, wenn es bei heiterem Himmel regnet. Phalantos fuhr mit seiner Frau, Soldaten und freien Männern los, bis er an die Mündung des Flusses Tara kam und im Schoß seiner Gemahlin einschlief. Diese begann, als sie über die dunklen Voraussagen des Orakels und den damit zusammenhängenden Kämpfen mit der ansässigen Bevölkerung nachdachte, zu weinen. Ihre Tränen fielen auf das Gesicht ihres Mannes und somit bewahrheiteten sich die Voraussagungen des Orakels. Auch Strabon und Herodot schildern die Gründung der Kolonie und beschreiben unter anderem, dass die Völker der Messapier und der Japyger unter anderem in diesem Gebiet siedelten und mit der Ankunft der Spartaner, die entweder unehelichen Kindern oder aufgrund einer gescheiterten Auflehnung gegen den Adel aussiedeln mussten, vertrieben wurden.

Zurück zur Rolle des Delphischen Orakels: wie bereits erwähnt hatte dieses eine große und zentrale Bedeutung bei der Wahl von Gebieten. Ob dies auf geographisches Wissen oder anderen Aspekten beruhen, kann nur schwer bestätigt werden. Naheliegender ist, dass die Auswanderer bei der Befragung Weisungen und Ratschläge erhielten, welche Richtung sie auf dem Meer einschlagen und welche Kulte sie einrichten und weiterführen sollten.

„Die Chalkidier, Theräer und Spartaner folgten einem Rat Delphis, als sie auswanderten, und das Orakel scheint auch bei vielen anderen Gelegenheiten mit seinem Rat wirksam eingegriffen zu haben. Seine Priester konnten ihre Rolle als Vermittler von Informationen in der griechischen Welt ausnützen und sich so für den politischen Vorteil ihrer Freunde einsetzen.“[35] Bei der Bedeutung und Rolle des Orakels in Bezug auf die Auswanderungen und die Gründungen der Kolonien ließ sich im Zuge dieser Arbeit nur ein ungefähres Bild zusammenstellen, nämlich jenes von Forschern mit sehr unterschiedlichen Ansichten zu diesem Thema. Miller verweist in ihrem Buch auf mehrere Autoren verschiedener Sichtweisen, beispielsweise meint Curtius, dass

---

[35] Boardman 1964, 193

Delphi eine „Emigrationsagentur" mit vielen internationalen Kontakten war und aufgrund der Auswanderungswelle dieser zweiten großen Kolonisationsphase eine überregionale Bedeutung erhielt.

Andere Autoren sehen genau diesen Aspekt als zu übertrieben an, stimmen jedoch zu, dass das Orakel eine große Rolle spielte und vor der Gründung beziehungsweise Reise immer befragt werden musste. Weitere sind der Ansicht, dass zwar Delphi durchaus bedeutsam und die Konsultation sogar verpflichtend war, jedoch die meisten Entscheidungen wie Wahl des/der Anführers/Anführer oder Reiseziels bereits vor der Befragung feststanden.

Andere interessante Aspekte liefern zwei Forscher, die eine noch kritischere Haltung zu diesem Thema eingenommen haben. Ersterer ist der französische Forscher Defradas, der die Ansicht vertritt, dass Delphi und die anderen Orakel, welche zur Befragung konsultiert wurden, erst nach der Gründungsphase eine größere Bedeutung erhalten haben und die meisten Sprüche, die einen Bezug auf die Kolonienbildung hatten, erfunden und gefälscht sind.[36] Rohrbach ging sogar einen Schritt weiter, indem er der Ansicht war, dass die Rolle des Apollon, der als Gott und Schutzherr der Kolonisation galt, überhaupt nur eine Idealisierung ist und *„ es [...] nie für eine Kolonisationsgruppe zwingend notwendig gewesen [sei], Delphi zu befragen. "*[37] In diesem Zusammenhang meint auch der englischer Forscher Londey, dass es keine genauen Beweise und Hinweise gibt, dass die Prophezeiungen des Orakels in Bezug auf die Kolonien überhaupt echt seien.[38]

Zusammengefasst lässt sich durch diese unterschiedlichen Ansichten und Erkenntnisse ein Bild über das Orakel und dessen Rolle hinsichtlich der Gründungen von Kolonien darstellen. Es ist bewiesen, dass Delphi *„ab dem zweiten und dritten Viertel des 8. Jahrhunderts v. Chr. "*[39] einen

---

[36] Vgl. Miller 1997, 89 f.
[37] Rohrbach 1960, 99
[38] Londey 1990, 118
[39] Ebd. 122

überregionalen Einfluss in Griechenland hatte. Des Weiteren meint Londey, *„it might be suggested, then, that from as early as the 8th century BC some colonizers did consult the oracle at Delphi prior to depature, but that this never became universal practice."*[40]

Außerdem schreibt er, dass *"some colonization oracles were also undoubtedly invented."*[41] Ein weiterer interessanter Aspekt nach seinen Aussagen ist, dass nicht die Konsultation des Orakels erfunden ist, sondern eher die überlieferte Form dessen.[42]

Abschließend sei gesagt, dass das Delphische Orakel nicht bei jeder Koloniengründung befragt wurde und es durchaus nicht immer üblich war dieses zu konsultieren. Der eigentliche und hiermit bedeutendste Grund, der die Rolle (er)klären lässt, liegt vor allem bei der göttlichen Legitimation der Expedition und dem damit in Verbindung stehenden Schutz.

Doch auch in Pindars Pythien spielen Orakel und Weissagungen eine Rolle, beispielsweise bei der Gründung von Kyrene. *"Besonders häufig begegnen bei Pindar göttliche Prophezeiungen, welche die Gründungen von Kolonialstädten vorhersagen."*[43] Jedoch ist es naheliegend, dass besonders in der klassischen und spätarchaischen Dichtung Prophezeiungen und Weissagungen vorkamen, da es sich meist um ein poetisches Kunstmittel handelte und als Technik angewendet wurde, um Gründungen von Kolonien datieren und diese mit Sagen kleiden zu können.

Zur Vervollständigung dieses Kapitels sind noch zwei wesentliche Fragen offen. Einerseits, welche Bedeutung hatte das Delphische Orakel bei der Selbstdarstellung der griechischen Kolonien[44] und wie sah der weitere Kontakt der neu gegründeten Poleis zum Orakel aus?

---

[40] Londey 1990, 125
[41] Ebd.
[42] Vgl. Ebd. S.127
[43] Miller 1997, 145
[44] Vgl. Ebd. 92

2.3.1.1. Die Selbstdarstellung und Verbindung der Kolonien mit dem konsultierten Orakel

Hier lässt sich eine einfachere Antwort finden, als auf die Rolle des Orakels bei der Koloniengründung. In einigen Fällen trifft es zu, dass die uns überlieferten Orakel ein Produkt späterer Erfindungen waren und meist dann entstanden, wenn eine Kolonie großen Erfolg hatte und rasch größer wurde. So wie in vielen Entstehungsgeschichten war es auch im Nachhinein oft der Fall, dass ein göttliches Wirken ausschlaggebend für die Gründung einer Polis war. Bestes Beispiel ist jenes in Millers Buch: „*Orakel zur Gründung von Kolonien erfüllten eine mannigfache Funktion, besonders für die Darstellung der eigenen Geschichte in einem möglichst strahlenden Licht: der Spruch Apollons gab dem Unternehmen eine göttliche Sanktion, zeichnete die Gründung als gottgewollt aus und machte sie zur Vollendung göttlichen Willens. Orakel, die einen Ort den Siedlern zusprachen, konnten als Argument gegen Gebietsansprüche anderer vorgebracht werden.*"[45]

Eine weitere Bedeutung hatte das Orakel hinsichtlich den/die Leiter, dem Oikisten, der Expedition, da durch die Zustimmung ihm/ihnen eine zusätzliche Autorität verliehen wurde. Des Weiteren galt Delphi als Nabel und Zentrum für die Griechen. Dieser Aspekt war damals viel bedeutsamer als wir es uns heutzutage vorstellen können, denn einige Kolonien beziehungsweise Gebiete die noch zu besiedeln waren, lagen an den Enden der bekannten Welt. Vermutlich wollten aus diesem Grund die Emigranten eine Verbindung mit dem Orakel haben, um die Beziehung und den Kontakt mit der heimischen Kultur nicht zu verlieren.

Die Bedeutung und Rolle der Orakeln wiederspiegeln häufig die Entstehungsgeschichten der im Mittelmeer entstandenen Kolonien, und waren demnach oft nachträgliche Erfindungen, wie Miller in ihrem Buch unter Berufung mehrerer Forscher beschreibt. Meistens waren es, falls das Delphische beziehungsweise andere Orakel befragt wurden, einfache Antworten, die auf

---

[45] Vgl. Miller 1997, 93

die Konsultierung erfolgten. Diese wurden im Nachhinein mit großartigen Legenden und Sagen, die auch die wechselseitige Verbindung zwischen Orakel und Kolonie aufzeigten, geschmückt. In diesem Zusammenhang können zahlreiche Orakelsprüche, die ausschlaggebend für die Gründung von Kolonien gewesen sein sollen, als Fälschungen entlarvt werden. Als Beispiele seien die Gründung von Byzantion und Kyrene genannt. Zwar liegen beide Poleis nicht in der Magna Graecia, sondern die erste am Bosporus und die zweite im heutigen Libyen, dennoch lassen sie dem heutigen Betrachter einen guten Einblick zu, wie einst Vergangenes, Entwicklungen und Realität zu einem Fakt verfälscht wurden.

In Bezug auf Byzantion kopierte das befragte Orakel die Aussage eines persischen Feldherren, nämlich Megabazos, dessen Worte in Herodot überliefert sind. Diese wurden nachträglich vom Orakel übernommen und somit den Byzantier geraten, die Stadt „gegenüber den Blinden" zu gründen.[46] Der bekannte Ausspruch des Heeresführers war, dass die Kalchedonier blind gewesen sein müssten, als sie ihre Stadt an einer so schlechten Stelle gegründet haben, welche so viel ungünstiger und nachteilhaftiger war, als jene, wo rund siebzehn Jahre später Byzantion entstand.[47]

Bei dem Gründungsorakel von Kyrene konnte sehr einfach festgestellt werden, dass es eine Fälschung ist, da hier historische Ereignisse, die erst später erfolgten, vorweggenommen wurden.

Im nächsten Punkt sei es dahingestellt, ob die Orakelsprüche gefälscht und nachträglich verändert beziehungsweise ausgesprochen wurden. Nun stellt sich die Frage, ob und, falls ja, wie die Kolonisten weiterhin mit dem Delphischen Orakel in Verbindung gestanden sind. *„One might expect that colonists who had consulted the oracle before setting out would remember this early connection between their colony and Delphi and that their descendants would continue to maintain a relationship with the sanctuary more enthusiastically than those from colonies founded*

---

[46] Vgl. Miller 1997, 95
[47] Vgl. Hdt. 4, 144, 2

without the approval of the Delphic god. Of course, this may have occurred in ways now invisible to us, such as the dispatch of theoroi or visits by private individuals. "[48]

In diesem Zusammenhang liefert eine Inschrift in Delphi, die zwar nicht vollständig erhalten ist aber dennoch Informationen liefert, einen sehr konkreten Einblick in die Verbindungen zwischen Kolonien im Mittelmeerraum und dem Orakel beziehungsweise der dortigen Polis. Aufgrund dieser kann angenommen werden, dass Ansiedlungen, die vor ihrer Reise das Orakel befragt und dessen Segen erhalten haben, durchaus öfter den Wert des Orakels geschätzt und somit auch durch private und individuelle Spenden gefördert haben. Herausstechend ist, dass von den erhaltenen Inschriften, welche runde fünfzehn Kolonien beinhalten, in fast jedem Belang von privaten Bürgern der neugegründeten Kolonien eine Zahlung erfolgte, um beispielsweise den Bau der Tempelanlage zu unterstützen. Außerdem beweist diese überlieferte Quelle, dass eine weitere enge Verbindung zwischen gegründeter Kolonie und Orakel vorherrschten, denn „*twelve or thirteen are colonies oft he mother-cities with Delphic responses associated with their colonial foundations. "*[49]

2.3.2. Das Schiff als Schlüssel der Kolonisation

Fundament für die Kolonialisierung vor rund 2500 Jahren war der Schiffsbau. Es wurden Kriegsschiffe in Boote umgewandelt, indem es zwei übereinander geordnete Ruderreihen gab, die es erlaubten, sogar schneller als die Kriegsschiffe unterwegs zu sein. Neben dem Rammsporn, welcher auf der Vorderseite des Schiffs angebracht war, hatte das griechische Schiff oft mehrere Plattformen, um im Falle einer kriegerischen Auseinandersetzung genug Platz für den Kampf Mann gegen Mann zu haben. Jedoch hatten diese Plattformen auch den Zweck, so viel Material und Gut wie möglich zu transportieren. Die Kapazität umfasste „*zwischen 100 bis*

---

[48] Londey 1990, 126
[49] Ebd.

120 "[50] Personen, das griechische Transportschiff unterschied sich dennoch vom phönizischen Zweiruderer, welches zur selben Zeit verwendet wurde. Im Vergleich betrachtet waren die Schiffe der Phönizier stabiler gebaut, was auf eine andere Schildbewehrung, die höhere Brücke, die fehlenden verstärkten Außenplanken und den geräumigeren Rumpf zurückzuführen ist, dennoch hatten die Griechen einen entscheidenden Vorteil: Sie waren schneller.

Die Griechen der Antike sind uns heutzutage für ihre fast unvorstellbaren Berechnungen, Erfindungen und auch Abenteuerlust bekannt, so auch in diesem Fall. *„Zwischen 700 und 676 "*[51] wurde ein Weg gefunden, um die Schiffe einerseits schneller zu machen, andererseits die Tragkraft zu steigern. *„Sie waren auf den Gedanken gekommen, die größten Abmessungen um drei bis vier Meter zu verlängern und unter der erhöhten Brücke eine zusätzliche Rudererreihe zu platzieren, über die beiden Reihen hinaus, mit denen ihre Handels- und Kriegsschiffe schon ausgestattet waren: So waren nun 174 Männer in zwei Ebenen verteilt. "*[52]

Diese Schiff, ein Dreiruderer, gab im Wettlauf um das bessere Transport- und Reisemittel schließlich für etliche Jahrzehnte den Griechen den gewissen Vorteil gegenüber den Phöniziern. Die Konkurrenten der Griechen haben nicht gewusst, wie die dritte Rudererreihe angebracht werden konnte. Ausschlaggebend war die *„Änderung des Verhältnisses von Länge und Breite (mehr als 7:1), und die große Segelfläche (mehr als 150m²) komplizierte die Stabilitätsprobleme außerordentlich. "*[53]

---

[50] Faure 1981, 23
[51] Ebd. 22
[52] Ebd. 22
[53] Ebd. 23

2.3.3. Die Emigranten und die Überfahrt auf dem Meer

Der zweite wichtige Aspekt neben dem schnellen, transportfähigen und stabilen Schiff ist die Besatzung, die sich nicht nur am Meer behaupten musste, sondern auch am Land, bei der Gründung der neuen Kolonie, die dann, unabhängig aber dennoch mit der Mutterstadt in Verbindung stehend, als eigenständige Polis fungierte.

An oberster Stelle standen meist ein beziehungsweise mehrere Adelige, die, wie es Thukydides in seinem vierten Buch beschreibt, in zehn von dreizehn Fällen bei den Gründungen auf Sizilien namentlich genannt werden.[54]

Daher ist es auch naheliegend, dass jeweils die Mutterstadt die Führer bestimmte, denn *„bei der Gründung einer Tochtersiedlung von einer Apoikia aus war es Sitte, die Heimatpolis um Sendung eines Oikisten (Führers) für das neue Unternehmen zu ersuchen (Thuk. I 24, 2), während es auf der anderen Seite auch als Regel galt, daß die Kolonien im Falle der Not Hilfe aus der alten Heimat erwarten durften; [...].“[55]*

Doch wieso nimmt ein Adeliger dieses „Angebot" an und fährt mit Verstoßenen in eine unbekannte Zukunft? Einen Ansatz zur Beantwortung dieser Frage findet man unter anderem in Herodots viertem und Thukydides fünftem Buch, denn in diesen wird beschrieben, dass, nach geglückter Gründung der Kolonie, zu seinem Ehren jährliche Festspiele abgehalten wurden und ihm auch nach seinem Tod heroische Ehren erwiesen wurde. Des Weiteren gab es nicht nur Auseinandersetzungen zwischen Adel und restlicher Bevölkerung, sondern auch innerhalb der Adelsschicht, was einerseits die zwangsweise, andererseits auch freiwillige Auswanderung von manchen Adeligen begründen lässt.

Unter diesen Führern waren oft Fußsoldaten gestellt, die meist unverheiratete junge Männern waren. Diese heirateten dann häufig Frauen aus Städten und Dörfern, welche im Hinterland der Kolonien wohnten. Demnach waren *„die Theräer, die in der Kyrenaika landeten, [...] durch*

---

[54] Vgl. Blumenthal 1963, 19
[55] Ebd. 18

das Los bestimmte Männer, einer aus jeder Familie; sie gingen gegen ihren Willen und wurden gesteinigt, wenn sie heimzukehren versuchten. Solche oft nur aus einigen Dutzend Männern bestehende Gruppen fanden ihre Frauen dann unter den eingeborenen.[56]

Weitere Weggefährten (Hetairoi) waren laut dem französischen Archäologen Paul Faure zwei unterschiedliche Gruppen von Auswanderern: Einerseits *„die Entdeckungs- und Forschungsreisenden, die halb wie Piraten, halb wie Händler kein festes Ziel vor Augen haben, die Verbannten und Exilierten [...] und die eigentlichen Kolonisten [...]."*[57] Die anderen waren Emigranten und all diejenigen, die sozusagen „glücklos" waren. Diese waren hauptsächlich Heimatlose, Ausländer und Menschen, die einen Beitrag zur Vergrößerung einer Kolonie leisten wollten. Somit lässt sich das Bild der Auswanderer ziemlich gut zusammenfassen und zu deuten, denn allgemein betrachtet stammten diese aus allen Schichten, waren ein *„privatrechtliches Gemeinschaftsunternehmen"*[58], jedoch nicht von der Mutterpolis abhängig beziehungsweise gelenkt, was bedeutet, dass sie machen und tun konnten, was sie wollten und keinen Zwängen seitens der Führungsschicht ausgesetzt waren.

Auf das Schiff wurde so viel wie möglich mitgenommen, was für einen Neubeginn in der unbekannten Weite des Mittelmeeres hilfreich sein konnte. Decken, Pflanzen, Waffen, Werkzeuge, Saatgetreide, Lebensmittel und lebendes Vieh waren die wichtigsten Güter, die für die Überfahrt mitgenommen wurden.

Die Überfahrt war mit Sicherheit nicht sehr gemütlich. Neben den mitgenommenen Tieren, Käse, dem Schweiß, dem Erbrochenem und dem geringen Platz musste selbstverständlich gerudert werden, wenn der Wind nachließ. Dies stellte dann wiederum Probleme in den Raum. Einerseits gab es beliebtere und von Wind, Wasser und Wellen besser geschützte Plätze, die immer vor dem Wechsel der Mannschaftsgruppen ausgelost wurden. Andererseits war aufgrund

---

[56] Boardman 1964, 193
[57] Faure 1981, 50
[58] Blumenthal 1963, 19

der Ruderluken und des Fahrtwindes ein permanenter Wind- und Wasserkontakt zu den Passagieren gegeben, was wiederum dazu führte, dass diese oft durchnässt und starr vor Kälte waren.[59]

Ein weiteres Problem stellte die Verpflegung dar, denn es konnte weder auf dem Schiff gekocht, noch frisches Wasser über längere Zeit transportiert werden. Deshalb musste der Kapitän immer dafür sorgen, dass sie nicht zu sehr von der Küste abtrieben, um nicht vom Kurs abzukommen und folglich nicht zu verhungern und zu verdursten. Doch wie gingen die damaligen Emigranten mit diesen Problemen um?

Grundsätzlich gab es etliche Positionen, die erfahrene Seemänner innehatten. Demzufolge gab es am Bug einen Wachmann und Steuermann die dafür sorgten, dass das Schiff nicht vom Kurs abkommt. Schlüssel für den Erfolg und die sichere Überfahrt war das Kenntnis von den Wind- und Wassersystemen, und dem Verlauf der Küsten, um nicht mit dem Schiff aufzulaufen und zu kentern.

Somit waren die Abenteurer gezwungen dort anzulegen, wo es möglich war, um einerseits frisches Wasser zu besorgen, andererseits um sich auszuruhen. Das Transportschiff wurde dann am Abend an Land gezogen, sodass der Bug in Richtung des Wasser gerichtet blieb, da die Steinblöcke, die als Anker fungierten, bei starken Winden und Fluten nicht gut genug den Meeresboden fassten und somit die Gefahr vorhanden war, dass dieses abtrieb. Ein weiteres Problem waren Krankheiten, die im Laufe der Zeit auftreten konnten. Die wohl häufigsten waren die Ruhr und Malaria.

---

[59] Vgl. Faure 1981, 52

2.3.4. Der Mittelmeerraum als Reiseziel

Zu Beginn der großen griechischen Auswanderung, welche zur Mitte des 8. Jahrhunderts begonnen hat, wurden hauptsächlich die im Vergleich zu anderen Kolonien des Mittelmeerraums näher gelegene Halbinsel Italiens und die Insel Sizilien. Nachdem sich dort Griechen niedergelassen haben, wurde im Laufe der Zeit auch Handelsreisen zum heutigen französischen Küstengebiet unternommen. Bereits im 7. Jahrhundert v. Chr. fuhren griechische Seehändler die Südküste Frankreichs nahe der Mündung der Rhône, um Handel mit ligurischen Stämmen zu treiben. Im Zeitraum zwischen 620 und 600 v. Chr. errichteten die Griechen im Zuge einer Landschenkung des ligurischen Fürsten einen Hafen, der folglich zu einem dauerhaft bewohnten Handelspräsenz, einem Emporion, wurde. Dieser wurde Massalia gennant.

Andere Kolonien, die als erste der Griechen genannt werden können, sind jene auf Sizilien, wie zum Beispiel Syrakusa und Naxos. Letztere wird als die erste griechische Kolonie auf Sizilien gezählt und wurde vermutlich 735 v. Chr. von Bewohnern der Polis Chalkis gegründet. In einem weiteren Kapitel werde ich genau auf die vorhandenen griechischen Quellen, welche unter anderem von Thukydides, Pindar oder Herodot stammen, berichten, jedoch möchte ich bereits hier erwähnen, dass Thukydides von einem Altar berichtet, welcher Apollon geweiht war[60], jedoch bis dato nicht gefunden wurde. Am Beispiel Naxos kann durchaus gut aufgezeigt werden, dass weitere Kolonien von Auswanderern gegründet wurden, um einerseits neue Gebiete zu erschließen, andererseits um weitere Handelsgüter aufzutreiben. Jedoch wurde durch diese Gebiete auf Sizilien vorerst nicht das Ziel verfolgt, neue Niederlassungen im Sinne von Seehandelsplätzen zu schaffen, *„sondern die Gewinnung des reichen Getreidelandes am Anapos. (cf. Strab. VI, 2, 4). Die meisten Kolonien kamen nämlich aus der ländlichen Gegend von Tenea, und von allen Dorern des Mutterlandes waren die Korinther ja diejenigen, die durch Mangel an Fruchtland am meisten auf die See und damit zur Kolonisation verwiesen waren [...]."*[61]

---

[60] Vgl. Thuk.a. VI, 3
[61] Blumenthal 1963, 14

Berichtet wird, dass nach der Gründung der Kolonie Naxos lediglich um die fünf Jahre vergingen, bis 730 v. Chr. zwei weitere Handelsstützpunkte errichtet wurden, nämlich Katane und Leontinoi.

So wie es Auseinandersetzungen und Kriege am griechischen Festland zwischen verschiedenen Poleis gegeben hat, gab es auch zwischen den Kolonien im Laufe der Zeit Konflikte. Beispielsweise wurde die Kolonie Naxos in der Folge von der ebenfalls auf Sizilien gegründeten Kolonie Gela unterworfen, welche auf einem so fruchtbaren Land entstanden ist, dass dieser landwirtschaftliche Reichtum sogar auf verschiedenen Münzen abgebildet wurde.

Ein weiterer wichtiger Punkt für die Auswanderer waren die Machtverhältnisse an jenen Orten die sie als Ziel für die Bildung einer Kolonie ausmachten. Hauptsächlich suchten sie Gebiete, die entweder überhaupt nicht besiedelt waren, oder kaum beziehungsweise gar keine Verteidigungsmöglichkeiten hatten. Folglich wurden primär wirtschaftlich und zivilisatorisch eher unterentwickelte Räume gesucht, um dort Kolonien zu bilden. Hiermit kann auch der wesentlichste Grund für das Fernbleiben der Griechen im heutigen Syrien, wo das mächtige assyrische Reich herrschte, und Ägypten gedeutet werden.

Als Beispiel eines eher unterentwickelten Raums kann Sizilien genannt werden. Diese Insel war aus vielen Aspekten für die ausgewanderten Griechen lukrativ. Beginnend mit der Nähe zum griechischen Festland, denn im Vergleich zu anderen Bereichen im Mittelmeer konnte Sizilien einfach erreicht werden. Ein weiterer Grund sich auf Sizilien niederzulassen, war das fruchtbare Land, wo hauptsächlich Getreide in unüberschaubarer Anzahl wild wuchs, aber auch Pflanzen und Kräuter, die als Medizin und Zutaten für Essen und Trinken verwendet werden konnten.

Des Weiteren wurde bereits genannt, dass die Griechen ein Gebiet einnehmen wollten, welches entweder nicht beziehungsweise nur gering von Menschen besiedelt war. Dies trifft auf diese Insel zu, wie uns beispielsweise Thukydides berichtet, da zur Zeit der griechischen Kolonisationsphase im Mittelmeerraum lediglich drei Gruppen von Einheimischen auf Sizilien lebten.

„Im äußeren Westen die Elymer mit den Hauptstädten Segesta und Eryx (Thuk. VI, 2, 6), östlich anschließend die Sikaner (Thuk. VI, 2, 2; Diod. V, 2, 4), die ohne jeden politischen Verband (Diod. V, 6) als Ackerbauern ihre Städte auf sicheren Höhen des Binnenlandes angelegt hatten (Hykkara, Omphake, Kamikos u.a.), sowie im Westabschnitt die Sikeler (Thuk. VI, 2, 5; Diod. V, 6, 4), ebenfalls ein rein bäuerlicher Stamm ohne gemeinsames Staatswesen und daher nicht in der Lage, einer Eroberung ihrer Gebiete wirksamen Widerstand entgegenzusetzen (cf. Thuk. VI, 2, 1). "[62]

Auf Sizilien wurde, im Gegensatz zu anderen Gebieten, hauptsächlich Gewalt von den Griechen angewendet, um Land für sich zu gewinnen. Somit wurden diejenigen der Bevölkerung, die dem Kampf entkommen konnten, in das Gebirge gejagt, wo sie versuchten unabhängig zu leben.

Die bereits bestehenden Kolonien, die sich zu einer Polis entwickelt haben, wurden folglich einige Jahre später wiederum als Ausgangspunkt für weitere Expeditionen verwendet. Beispielsweise können hier die an der französischen Mittelmeerküste gegründeten Kolonien Nikaia, Arelate, Massalia und Agathe genannt werden, von denen die Abenteurer losfuhren, um weitere Orte an der spanischen und vereinzelt auch an der afrikanischen Mittelmeerküste zu gründen.

---

[62] Blumenthal 1963, 141

3. Niederlassung und Beginn

Nach einer langen Überfahrt stand an oberster Stelle, nicht irgendeinen Ort als neue Kolonie auszuwählen, sondern mit Hilfe von Sehern die Zeichen und Möglichkeiten, die das neue Gebiet boten, so zu deuten, um keine Zweifel bei der Wahl aufkommen zu lassen. Es wurden Vögel beobachtet und die Eingeweide und das Fleisch von frisch geschlachteten Tieren untersucht, um sicherzustellen, dass dies der richtige Ort zur Niederlassung war. Neben diesen beiden eher religiösen und kulturellen Aspekten hatte der Leiter der Expedition die *„religiöse und richterlich-politische Autorität"*[63], um einen geeigneten Ort zur Niederlassung zu bestimmen. Hier flossen unterschiedliche Faktoren in die Entscheidung ein. Neben anderen wichtigen Aspekten standen an oberster Stelle Quellen, die genug frisches Wasser zur Versorgung der Kolonisten boten. Vor der eigentlichen Niederlassung musste ein Ort gefunden werden, wo die Schiffe vor Unwettern geschützt wurden. Meistens wurden Gebiete gesucht, die mindestens eine Möglichkeit boten um einen Hafen zu errichten. Naheliegend ist auch, dass bevorzugt Anhöhen als Verteidigungspunkte gewählt wurden, um sich im Falle einer Auseinandersetzung zurückziehen zu können.

„Voraussetzung für die Gründungen waren in jedem Fall ausreichende Kulturflächen, die die Autarkie garantieren konnten. Vorwiegend auf Tauschhandel angelegte Niederlassungen haben die erste Generation nicht überlebt. Neben der Chora, dem eigentlichen Ackerland vor der Stadt, gehörten zum Bereich der Polis die Proschoros als Weideland sowie Waldgebiete zur Versorgung mit Wild, vor allem aber mit Holz, dem wichtigsten Energieträger."[64]

Dieses bebaubare Land wurde zu Beginn meist zum Anbau von Getreide, Gemüse, Obst, Pflanzen und besonders auch Weinstöcken, die im Laufe der Zeit immer mehr an Bedeutung, besonders im Bereich des Handels, gewannen, benützt. Heutzutage assoziieren wir Griechenland mit Oliven und Wein, dies ist auch auf die lange Tradition des Anbaus zurückzuführen, denn „there

---

[63] Faure 1981, 58
[64] Mertens 2006, 16

were two crops that the Greeks themselves always regarded as peculiarly characteristic of their civilisation, olives and the vine. When, in Homer, Odysseus lands in a strange country, one of the things he automatically notes, along with other more relevant points (such as its harbours), is whether it would be good for growing them."[65]

Ohne die Bestellung und Bebauung des Landes mit unterschiedlichen, auch mitgenommenen Pflanzen, wäre eine Kolonisation unvorstellbar gewesen. Die Menschen benötigten neben der Nahrung auch eine Beschäftigung.

Jedoch wurde das Land, bevor es kultiviert wurde, durch Los unter den Kolonisten aufgeteilt. In diesem Zusammenhang ist jedoch noch ein interessanter Aspekt zu erwähnen, der das Land betrifft, nämlich die unterschiedlichen Interessen, die die Kolonisten im Laufe der Jahre entwickelt und verfolgt haben. Denn offensichtlich war es zu Beginn notwendig, Getreide, Gemüse und Obst anzubauen, um früher oder später von diesen ebenso leben zu können wie vom Fischfang.

Doch im Laufe der Jahre entstand das Aufkommen und Interesse des Handels, womit auch die Verwendung des Landes, oder eher die landwirtschaftliche Nutzung, sich rasch änderte, da nun weniger Getreide angebaut wurde, sondern hauptsächlich, aufgrund der Möglichkeit des Erlangens von Reichtums durch den Handel, Oliven-, Wein- und Obstkulturen angelegt wurden, um vermehrt am Binnenmarkt, in der umschließenden Gegend und im Außenhandel ein profitables Geschäft zu errichten.

So entstand beispielsweise auch der Saisonhandel des Kleinbauers, jedoch sei erwähnt, dass die Veränderung bei der Bebauung des Landes erst im Zuge des 6. Jahrhunderts v. Chr. stattfand, als die Münzgeldwirtschaft und der damit zusammenhängende *„ Wandel in der griechischen Wirtschaftsstruktur "*[66] begonnen hat.

---

[65] Hodge 1998, 51
[66] Blumenthal 1963, 139

Strategisch gesehen wurden zu Beginn die Orte an Küsten gegründet, aber auch an Mündungsgebieten von Flüssen. Andererseits wurden auch Halbinseln und Landzungen oft gewählt, da nicht nur die Nähe zum Meer wichtig war, sondern auch die Möglichkeit von zwei geschützten Buchten eine Rolle bei der Entscheidung spielte, denn wenn Winde aus dem Westen wehten, wurden die Schiffe im östlichen Häfen angelegt, genau das Gegenteil fand bei Ostwinden folglich im westlichen Hafen statt.

In Bezug auf den Seeverkehr sei noch zu erwähnen, dass es meistens auch für die antiken Schiffe ausreichend war, diese bei Flussmündungen und bei flachen Stränden anzulegen, falls es keine besseren Anlegestellen gegeben hat. Jedoch hatten die Hafen für die Bedeutung und Entwicklung der Poleis einen großen Stellenwert, einerseits als Befestigungsanlage und der damit zusammenhängenden Seemacht, wie es beispielsweise bei Syrakus der Fall war, andererseits um den Handel so rasch und gut abzuwickeln wie möglich.

Falls vorhanden, zogen sich dann die zu Beginn noch kleinen Dörfer von der Küste zu einer Anhöhe hinauf, wo meist ein Tempel am Gipfel errichtet wurde.

Als Beispiel für die Bedeutung der strategischen Lage können zahlreiche griechische Kolonien genannt werden, jedoch möchte ich nur eine kurz nennen, da diese auch die älteste auf heutigem italienischem Gebiet ist, nämlich Kyme. Zwar war der Sandstrand lange und ungeschützt, jedoch konnte die Akropolis auf einer steil abfallenden Küstenhöhe errichtet werden, die *„der Vortrefflichkeit wegen Gegenstand des Kampfes"*[67] und somit ideal für den Beginn der Niederlassung war. Diese strategische Lage hatte jedoch nicht nur mit den Verteidigungsmöglichkeiten zu tun, sondern auch mit der bewussten Nähe zu Etrurien, da mit diesem hauptsächlich Handel betrieben wurde. Neben Kyme kann auch Pithekussai, der älteste gegründete Ort in der Magna Graecia genannt werden, der als wichtige Brücke für den Handel und Austausch zwischen dem Osten und Westen des Mittelmeerraumes diente, wobei erwähnt werden muss, dass

---

[67] Strab.a. VI, 2, 2

bei dem um 770 v. Chr. gegründeten „Ort" nicht geklärt ist, ob es sich hier eher um einen Handelsposten oder doch eher um eine Apoikia handelt. Jedoch gehen viele Forscher davon aus, dass Pithekussai die älteste Kolonie in der Magna Graecia war und einen raschen Aufschwung erhielt, was auf das Eisenvorkommen, welches in die weite Distanz der Mutterpolis auf Euböa gebracht wurde, zurückzuführen ist. Dieses wichtige Metall wurde hauptsächlich von den dort herrschenden Etruskern abgekauft beziehungsweise gegen andere Waren getauscht. Der intensive Handelskontakt zwischen Etruskern und den Euböern lässt darauf schließen, dass nicht nur der Warentausch besonders in dieser Polis gepflegt, sondern auch eine Metallindustrie etabliert wurde. Es wird angenommen, dass als Tausch für Eisen und andere Waren den Etruskern das technische Wissen angeboten wurde und somit auch erklärt werden könnte, wieso die Etrusker im 8. Jahrhundert einen Aufschwung in mehreren Bereichen, wie zum Beispiel der Technologie, Politik und Wirtschaft hatten.

Kurz erwähnt werden, um einen kleinen Einblick zu schaffen, sollte auch die Organisation und der Beginn nach dem Verlassen des Schiffes, da dies ein bedeutender Bestandteil und der Neuanfang für viele tausende Menschen war. Nachdem das Schiff verlassen wurde, fanden sich die Kolonisten auf einem Hügel zusammen, legten nach Tradition das Feuer, welches aus der Mutterstadt mitgenommen wurde, dort nieder, beteten zu den Göttern und opferten diesen zum Dank ein Tier. Neben der Erkundung des Gebiets und der Suche nach bebaubarem Land und Trinkwasser, wurde danach zumeist ein kleines Heiligtum errichtet, welches die ausgewanderten Kinder Griechenlands beschützen soll. Folglich suchte jeder einen Platz wo man sein Haus bauen wollte, kennzeichnete diesen mit einem Rechteck welches nicht größer als 20 Quadratmeter sein sollte. Außerdem war *„bei der Wahl der Standorte für die Wohnsiedlungen [...] gemäß den topographischen Gegebenheiten im Einzelnen fortifikatorische, versorgungstechnische und verkehrstechnische Gesichtspunkte von vorherrschender Bedeutung. Fortifikatorisch besonders günstig waren dem Festland vorgelagerte Inseln der Halbinseln wie Pithekoussai,*

Syrakus oder Tarent, aber auch gegen das Meer vorragende Hügelrücken wie Kamarina, Selinunt und Velia oder Kaps wie Naxos. "[68]

Das Land wurde daraufhin, wie bereits erwähnt, untereinander aufgeteilt, welches folglich als Grund und Besitz zwischen den Kolonisten durch ein Los aufgeteilt und auch als Bestandteil und Notwendigkeit betrachtet wurde, um ein Bürger mit allen Rechten in der neuen Polis zu werden. Des Weiteren wurden Flussläufe und Schwemmlandebenen gesichert und die Siedlungen dort in der Nähe angelegt. *„Die Wahl des Siedlungsstandortes ist jedenfalls stets durch fortifikatorische Aspekte mitbestimmt.* "[69]

Nach und während dem Hüttenbau stand das Überleben an oberster Stelle, denn das Land musste noch bebaut werden, die mitgebrachten Vorräte waren oft trotz strenger Rationierung rasch verbraucht und das Getreide, die Früchte und das Gemüse konnten erst nach der Bearbeitung des Landes angebaut werden, wodurch wiederum etliche Monate vergehen mussten, bis diese geerntet und gegessen werden konnten. Also wie konnten die aus den griechischen Poleis ausgewanderten Menschen im neuen Gebiet die ersten Tage, Wochen und Monate überleben? Zusammengefasst sind besonders drei Aspekte bei der Landnahme wichtig, nämlich die Wasserversorgung, die Verfügbarkeit von fruchtbarem Umland und eine strategisch günstige Lage zur Verteidigung der errichteten Kolonie. Doch wieso mussten sich die ausgewanderten Griechen verteidigen, wenn sie hauptsächlich Gebiete aufsuchten, die unbewohnt beziehungsweise es nur sehr wenig Verteidigungspotenzial der dort lebenden Bevölkerung zu erwarten gab? Dieses Land musste bestellt werden, umso schwieriger erscheint der Aspekt dieser Landnahme wenn man bedenkt, dass oft eine Bevölkerung beziehungsweise Nomaden im Umland lebten, die sich meistens aus mehreren Gründen nicht mit den Neuankömmlingen anfreunden konnten, da verfügbares Land weggenommen wurde.

---

[68] Mertens 2006, 17
[69] Ebd.

Dadurch herrschte ein Konfliktpotenzial, obwohl das von den griechischen Auswanderern besiedelte Land oft, aber nicht in allen Fällen, von der Bevölkerung unbebaut und unbedeutend war. Im Zusammenhang mit dem „Wegnehmen von Land" ist noch auf ein Textstelle von Thukydides zu verweisen, der interessanterweise dies bemängelt und kritisch darauf verweist, dass sich manche alten hellenischen Lebensweisen nicht von den der Barbaren unterscheiden.[70] Doch in Bezug auf die heimische Bevölkerung muss zwischen zwei unterschiedlichen Gruppen und Konflikten differenziert werden. Auf der einen Seite die Nomaden, auf der anderen die Bevölkerung, die im Umland heimisch war. Die erst genannten sahen die griechischen Kolonisten als einen Dorn im Auge, da sie sich auf dem Gebiet, auf dem sie umherzogen und ihre Tiere weideten, niederließen und zudem das Gras und Unkraut verbrannten und unbrauchbar für ihre Nutztiere machten. Hier gab es oft Auseinandersetzungen, als Beispiel können hier die Kämpfe zwischen den ausgewanderten Phokaiern und denen auf der Insel Lampsakos ansässigen Bebrykern genannt werden. Nicht nur das Weideland, sondern auch die Vorstellung von Besitz, Grund, Land und einer Stadt sorgte für Auseinandersetzungen zwischen Nomaden und Kolonisten.

Auf der anderen Seite gab es die sesshafte Bevölkerung, mit der nicht immer kriegerische Auseinandersetzungen geführt werden mussten. Auch Abkommen und gemeinsame Bebauungen waren nicht unüblich, genauso wie Kämpfe nach der Bearbeitung und Fruchtbarmachung des Landes.

Es klingt ziemlich einfach, wenn beschrieben wird, dass Menschen ein Gebiet finden, an Land gehen und ein Dorf gründen, doch wenn diese Kolonisation genauer betrachtet wird, bemerkt man sehr schnell, dass es alles andere als einfach gewesen sein musste. Beginnend mit der Wahl des Gebiet, welches bereits behandelt wurde. Wenn kein Trinkwasser und bebaubares Land vorhanden war, konnte auch nicht mit der Niederlassung begonnen werden. Wenn Sümpfe,

---

[70] Vgl. Thuk.a. I, 5

Sand und Felsen das Land, welches zum Anbau benutzt werden sollte, überdeckten, dann bedeutete dies sehr viel Arbeit, List und Zähheit. Ohne gemeinsamer Organisation und Gruppenarbeit hätten die Kolonisten keine Chance zum Überleben gehabt.

Zusammengefasst sind besonders drei Aspekte bei der Landnahme wichtig, nämlich die Wasserversorgung, die Verfügbarkeit von fruchtbarem Umland und eine strategisch günstige Lage zur Verteidigung der errichteten Kolonie. Doch wieso mussten sich die ausgewanderten Griechen verteidigen, wenn sie hauptsächlich Gebiete aufsuchten, die unbewohnt beziehungsweise es nur sehr wenig Verteidigungspotenzial der dort lebenden Bevölkerung zu erwarten gab?

3.1. Der Kontakt und Umgang mit der Bevölkerung in der Magna Graecia

In sehr vielen Gebieten, wo die griechischen Emigranten landeten, lebten und siedelten Völker seit Jahrhunderten, wodurch ein Konflikt, um ihr altes Recht und Land zu verteidigen, entstand. Meist mussten folglich diese als Geschlagene in das Hinterland zurückziehen, da sie unter anderem technologisch unterlegen waren. In diese Gebiete folgten die Griechen jedoch meistens nicht, denn das Gelände war unüberschaubar und folglich ideal für Überfälle und Hinterhalte. Mit Hilfe dieser Abbildung soll nicht nur ein kleiner Ein- und Überblick in die Kolonisationsgebiete Siziliens und Süditaliens geschaffen werden, sondern auch beschrieben, welche Völker vor und während der Ankunft der Griechen wo lebten. Strabo berichtet beispielsweise, dass in Unteritalien die Chaonen und Oenotrer lebten und siedelten. *„Als sich aber die Lukaner hier ansiedelten, zugleich auch die Hellenen die beiderseitige Küste bis zur Meerende von Sizilien hin besaßen, kämpften die Hellenen und Barbaren lange miteinander. Die Griechen haben alle dort Wohnenden übel mitgenommen, ihnen große Teile des Landes entrissen und schließlich ihre Macht so vergrößert, dass sie dieses Gebiet und Sizilien das Große Hellas (Magna Graecia) nannten."*[71]

---

[71] Strab.b. VI, 1, 2

Ein weiteres Beispiel von den vielen kriegerischen Auseinandersetzungen zwischen Griechen und der heimischen Bevölkerung liefert die Kolonie Metapont, welche nach Abbildung 2 an der „Nordöstlichen" Küste, dem Golf von Tarent, lag. Laut Thukydides wurde diese Kolonie 773 v. Chr. von Achaiern gegründet und über Generationen lebten diese gemeinsam mit den Lukanern friedlich nebeneinander, doch mit dem Wachstum und Zuzug der Siedler in dieser griechischen Polis wurde auch der Drang und Zwang nach mehr Weide- und Ackerland größer, wodurch

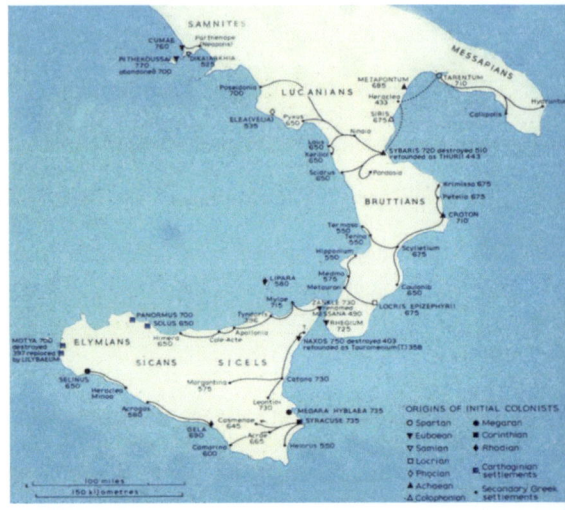

Abbildung 2 Die Kolonien, ihre Entstehungsjahre und Mutterpoleis in Sizilien und Süditalien

zwischen 620 und 600 v. Chr. die einheimische Siedlung gewaltsam zerstört und die Bevölkerung entweder vertrieben, getötet oder versklavt wurde.

Problematischer wurde es dann, wenn die gegründeten Kolonien im Laufe der Jahre zu größeren Poleis wurden. Diese entwickelten sich meist rasant und somit wurde auch das Bedürfnis nach mehr Land geweckt. Die anliegende Bevölkerung musste in vielen Fällen weichen, nicht nur aufgrund der technologischen Vorteile, welche die Griechen aus ihrer Heimat mit sich brachten. *„The constant need for the Greeks to enlarge their urban space and their territory must have forced a substantial part of the native population to leave and to move further and further away from the new settlements."*[72]

Jedoch sollte in diesem Zusammenhang erwähnt werden, dass die Ausbreitung der griechischen Kolonien in der Magna Graecia nicht ins Unermessliche ging, sondern auch hier gewisse Gren-

---

[72] Adamesteanu in Descoeudres (Hrsg) 1990, 143

zen gesetzt wurden. Zwar wurden meist Umland und umliegende Gebiete rasch von den eigentlichen Einwohnern übernommen und diese entweder in das griechische System eingegliedert oder verdrängt, doch auf der anderen Seite beschränkte sich das Gebiet, in denen Kolonien auf der italienischen Halbinsel gegründet wurden, allgemein betrachtete eher im Süden und Osten, da weiter nördlich, in Mittel- und Norditalien, die Etrusker ein Vordringen verhinderten. Außerdem spielte bei der Besiedlung und Kolonisierung auch das Klima eine entscheidende Rolle, da ab einer gewissen Grenze keine Olivenbäume mehr angepflanzt werden können und sich deswegen auch keine Griechen dort ansiedelten, da diese Bäume als einer der Grundnahrungsmittel und Güter war.

Das Gebiet beschränkte sich allgemein betrachtet auf die Landschaften Sizilien, Kalabrien, Lukanien, Apulien und Kampanien. In Letzterer entstand Mitte des 8. Jahrhunderts die erste griechische Kolonie des Westens, welche von chalkidischen Auswanderern gegründet wurde, nämlich Kyme.[73]

Doch auch auf Sizilien gab es bereits Menschen, die vor der Ankunft der Griechen, auf dem sehr fruchtbaren Land lebten, nämlich die Sikuler, die vermutlich bereits im 11. Jahrhundert v. Chr. von Italien auf die Insel vordrangen und die Sikaner, die als Ureinwohner Siziliens gelten, in den Süden und Westen der Insel verdrängt hatten. Das Volk der Sikuler war auf der ganzen Insel verstreut und somit hatten die Kolonisten sehr viel Kontakt mit diesen, welcher in Form von Handel und Verdrängungen stattfand. *„Und als die Kolonien im siebten und sechsten Jahrhundert sich durch neue Gründungen auszudehnen begannen, geschah das immer auf Kosten der sikulischen Gemeinden."*[74]

---

[73] Blumenthal 1963, 139
[74] Boardman 1964, 223

3.2. Der Fischfang als Überlebungsretter?

Man wird sich vielleicht denken, dass es nicht so schwierig sein konnte Essen aufzutreiben, denn es muss doch wildwachsende Beeren und Obst gegeben haben, doch diese waren oft nach kurzer Zeit aufgebraucht, besonders wenn bedacht wird, dass rund zweihundert Menschen neben der harten Arbeit noch ernährt werden mussten. Eine der wenigen Möglichkeiten war der Fischfang. Dieser hatte viel mehr Bedeutung als man vielleicht annimmt. Hauptsächlich wurde mit den Netzen nach Thunfischen gefischt, natürlich wurden auch andere Fische gefangen, dennoch nahm dieser die bedeutendste Rolle ein, da in Quellen, wie in einer Überlieferung von Plinius, vermerkt wird, dass große Exemplare bis zu einer Tonne wiegen konnten und somit auch verständlich ist, wie viele Menschen ausschließlich durch einen Fang ernährt werden konnten. Ein weiterer Beleg für den massiven Fischfang und dem Vorrat liefert uns die Aussage, dass sogar die Pferde und Ochsen mit Fisch ernährt wurden.[75]

Des Weiteren hatten die griechischen Auswanderer oft einen Überschuss an Fisch, welcher folglich in der Bevölkerung getauscht wurde. Als Gegenzug erhielten sie Getreide, Schweine, Ziegen, anderes Kleinvieh, Leder, Honig, Rinder, Wolle und Metalle. Belege für den extensiven und bevorzugten Handel mit Metallen konnte durch archäologische Funde geliefert werden. Interessanterweise findet man auch einen Hinweis auf die Bedeutung der Metalle in der von Homer verfassten Odyssee, da Athene vorgibt, ein aus Pathos kommender Händler zu sein, um Bronze gegen Eisen in Unteritalien beziehungsweise auf Zypern umzutauschen.[76]

Somit wurde ein weiterer Schritt auf dem neuen Gebiet geschafft und die ersten Handelsbeziehungen geschlossen.

Im Zuge des Fischfangs wurden folglich auch die unterschiedlichsten Arten und Weisen der Räucherung und Konservierung des Fischs erlernt. Jedoch hatte der Fisch nicht nur eine große

---

[75] Vgl. Hodge 1998, 55 f.
[76] Vgl. Miller 1997, 41 f.

Bedeutung bei der Ernährung und dem Handel, sondern auch im Bereich der Tischlerei und der Medizin.

Der Fischfang hatte wie bereits erwähnt eine besondere Stellung beim Handel, dazu kommt auch die Notwendigkeit, Salz zu tauschen beziehungsweise Orte zu finden, wo Salz abgebaut werden konnte, um den Fisch konservieren zu können. Dies ist ein weiterer Aspekt, der eine immense Rolle beim Handel spielte und die Verbindungen und den Austausch der unterschiedlichen Bevölkerungen verstärkte und besonders förderte, da jeder einen Profit aus dem Geschäft ziehen konnte.

Es wurden bereits etliche Aspekte des Fischfangs beschrieben, letzter wesentlicher ist die Verwendung des scheinbar nicht zu gebrauchenden Abfalls des Fisches, welcher im Boden eingegraben und als Dünger verwendet wurde, beispielsweise beim Weinanbau.

In diesem Zeitabschnitt begannen die Kolonisten auch eigene Becken und Teiche anzulegen. So konnten sie den Überschuss der Fische dort ansammeln, um einerseits bei schlechten Fängen einen Vorrat zu haben und andererseits besonders wertvolle Fische zu züchten. *„Sicher ist jedenfalls, daß bestimmte Kolonialstädte durch den Thunfisch-, Makrelen- und Seebarbenfang von heute auf morgen außerordentlich reich wurden. "*[77]

4. Der Handel und Reichtum als Auswanderungsaspekt

Wie bereits erwähnt, gab es verschiedene Gründe, um aus der griechischen Heimat zu siedeln, dennoch kann mit Sicherheit gesagt werden, dass der Handel und der damit in Verbindung stehende mögliche Reichtum bei vielen ein wichtiger Aspekt war. Erwähnt sei, dass hiermit die freiwilligen und mit Absicht bedachten Emigrationen aus Griechenland gemeint sind, denn Handelsinteresse sind, egal welche Erzählungen von antiken griechischen Geschichtsschreiben betrachtet werden, nie beziehungsweise nur am Rande erwähnt.[78]

---

[77] Faure 1981, 66
[78] Vgl. Miller 1997, 40

51

Weder Herodot, Isokrates noch Thukydides nennen den Handel im Zusammenhang mit der Koloniengründung und der großen Auswanderungswelle, welche in der Mitte des 8. Jahrhunderts eingesetzt hat. Letzterer weist jedoch hin, dass er einen Unterschied zwischen den alten und neuen Poleis in der griechischen Heimat feststellt, da beispielsweise Athen, Knossos oder Argos den Handel vorerst nicht als so wichtig angesehen haben, hingegen jüngere Stadtstaaten, aufgrund des Handels, eher die Nähe des Meeres suchten. Dazu zählt er unter anderem Korinth, Milet und Samos. *„Alle in neueren Zeiten errichteten Städte, welche in Ansehung der stärkern (sic!) Schifffahrt schon größeren Reichthum besaßen, wurden nahe an den Seeküsten mit Festungswerken versehen und auf Landengen gebaut, sowohl des Handels wegen, als auch um desto mächtiger gegen ihre Nachbarn zu sein. Dagegen hatten die ältern sowohl auf den Inseln als auf dem festen Land wegen der anhaltenden Seeräubereien sich weiter von der Küste weg niedergelassen.“*[79]

Für dieses Kapitel werden dadurch zwei relevante Aspekte erklärbar. Einerseits hat Athen genauso wie Sparta, die sich auf die innere Kolonisation konzentrierten, so gut wie gar keine Kolonie im Mittelmeerraum gegründet, andererseits hatte der Handel in den küstennahen Gebieten einen höheren Stellenwert, womit folglich behauptet werden kann, dass die Gründung von Handelskolonien im Zusammenhang mit der zweiten großen griechischen Auswanderungswelle, durchaus eine beabsichtigte Größe spielte und eine entsprechende Rolle einnahm.

Dennoch scheint es für den heutigen Betrachter ziemlich merkwürdig, dass nicht einmal die damaligen Geschichtsschreiber, Philosophen und Gelehrten den Handel nennenswert gefunden haben. *„Die Tatsache, daß der Handel als Grund für Kolonisationsunternehmen in der griechischen Literatur eine so geringe Rolle spielt, hat wohl darin ihre Wurzeln, daß in der griechischen Kultur dieser Erwerbszweig nicht mit hohem Ansehen verbunden war. Es ist also nicht verwunderlich, daß in Kolonisationsgeschichte, die zum Ruhm einer Stadt erzählt wurden, der*

---

[79] Thuk.a. I, 7

52

Handel keine wichtige Rolle spielen konnte. "[80] Platon ging sogar mit zwei seiner Werke, den beiden Staatsentwürfen, einen Schritt weiter, indem er zwei wesentliche Punkte vermerkt. Einerseits hat es ein „perfekter" Staat nicht nötig, Güter zu importieren beziehungsweise sei der Handel nur auf das minimalste zu beschränken, womit die Berufe der Seefahrer und Händler nicht notwendig wären, andererseits sieht er die Händler als die körperlich Schwächsten, die zu keinen anderen Aufgaben, wie Krieg führen, Bauen von Häusern oder das Bestellen von Land, fähig seien.[81] Des Weiteren verdirbt der Handel nach seiner Einstellung oft den Charakter eines Menschen, besonders dann, wenn Profit und Geldgier an Oberhand eingenommen haben.

Platon ist nur einer der mehreren nennenswerten Philosophen und Menschen, die Bezug zum Handel gehabt haben. Als Beispiel kann auch Sparta genannt werden, das sogar einen Schritt weiter ging indem ein generelles Handelsverbot ausgesprochen wurde.[82]

Xenophon weist jedoch darauf hin, dass die Bevölkerung dennoch, abgesehen von der genannten Polis, Handel betrieben hat und die genannten Einwände und Stellungnahmen eher ungeschriebene Tugenden und Gesetzte waren, auf die nicht immer viel Augenmerk und Beachtung gelegt wurde, denn auch damals regierte in vielen Teilen Griechenlands inoffiziell bereits das Geld.[83]

Das lässt darauf schließen, dass der Handel durchaus bei einer Vielzahl von Menschen als Möglichkeit gesehen wurde, um an Wohlstand zu kommen. In diesem Zusammenhang sollte auch die erste von einer griechischen Polis gegründete Kolonie in der späteren Magna Graecia erwähnt werden, nämlich Pithekoussai, welche um 770 v. Chr. von den Euböern (Eretria und Chalkis) errichtet wurde. Interessanterweise wurde diese *„nicht auf dem nächstgelegenen, landwirtschaftlich gut nutzbaren Ackerland gegründet, sondern in einer Lage, welche die beste Gelegenheit für den Handel mit Etrurien bot, und sie wurden durch Gründungen unterstützt, die*

---

[80] Miller 1997, 40
[81] Vgl. Plat.b. 370, 371
[82] Miller 1997, 45 f.
[83] Vgl. Xen. Lac. 7, 1

eine Fahrt durch die Straße von Messina absichern konnten. "[84] Somit ist naheliegend, dass zu Beginn der Auswanderungsphase nicht immer Missstände zur Auswanderung führten, sondern der Handel, beziehungsweise die Suche nach Handlungsmöglichkeiten, einen sehr großen Aspekt spielte. Unter anderem gehen Gründungen der Städte Kyme, Rhegion und Naxos auf das antike Euboia zurück.

Besonders aufgrund dieser Kolonien wurde der Reichtum vergrößert, neue Handelsrouten den Griechen ermöglicht und ihr Einflussgebiet erweitert.

Doch nun kommen die Fragen auf, welche Güter aus und nach Griechenland von den neuen Kolonien exportiert und importiert wurden, wer Interesse für welche Waren hatte und wie der oft negative, misstrauende und schlechte Kontakt zwischen Griechen und „Barbaren" verbessert werden konnte, um folglich gute Handelsbeziehungen zu entwickeln.

Im Laufe der Jahre, nachdem die Griechen das Land kultiviert und sich an ihre neue Heimat gewöhnt haben, besserten sich auch die Beziehungen zwischen den Einheimischen und den Kolonisten. Möglicherweise war es auch der nächste Schritt, nach der Landnahme, der Errichtung von Verteidigungsanlagen, der Suche nach Quellen und der Bestellung der Felder, nun einen positiven Kontakt mit jenen herzustellen, denen entweder das Land einst gehört hatte, oder die schlichtweg „Nachbarn" in umliegenden Gebieten waren. Neben den guten Beziehungen, um weitere kriegerische Konflikte zu vermeiden, wollten die Griechen auch mit ihren Nachbarn Handel treiben, um gegebenenfalls reich nach Griechenland zu reisen.

Mehrere Aspekte spielten hier eine bedeutende Rolle. Neben den bereits genannten guten Kontakten, die zu knüpfen waren, boten die „Barbaren" Rohstoffe, die zum Beispiel aus dem Landesinneren stammten, wohin sich nur sehr wenige griechische Händler vorwagten. Diese wurden dann zu sehr hohen Preisen in die griechische Heimat weiterverkauft. Hauptgüter, die dann

---

[84] Boardman 1964, 192

in die einstige Heimat per Schiff gebracht wurden waren unter anderem Weizen, Zinn und Sklaven. *„Das neugewonnene Kolonialgebiet sei ein ungeheures Handelsfeld, in dem die griechischen Städten ihre Erzeugnisse absetzen, um dagegen Rohprodukte, Metalle, Getreide, Sklaven,
Vieh und anderes zu gewinnen, und an die Stelle des für den Bedarf des Hauses und der Gemeinde arbeitenden Handwerks sei schon jetzt eine fabrikmäßige Herstellung von Artikeln aller
Art, speziell von Kunstprodukten für den Export, getreten."*[85]

Im Gegenzug interessierten sich die Einheimischen für Produkte, die sie selbst nicht herstellen
konnten. Gemeint sind, auch aufgrund des höheren Wissens in Bezug auf den Acker- und
Weinanbau, der Schmiedekunst und bei der Herstellung von Kunstwerken aus Keramik, die
griechischen Weine aus Hellas, Olivenöl, welches von den griechischen Händlern in großen
Tonkrügen geliefert wurde, aber auch Kleidung, Stoffe, Werkzeuge und Schmuck.

Je nach Gebiet wurden unterschiedliche Waren getauscht, beispielsweise wurden Getreide, Fische und Eisen aus den Kolonien, die am Schwarzen Meer lagen, zurück in die ursprüngliche
griechische Heimat geholt und mit Profit verkauft. Dort wurden wiederum Waren gekauft, um
diese dann mit Gewinn in den neuen Kolonien mit der dort ansässigen Bevölkerung zu tauschen.

Wie bereits erwähnt, lebten die griechischen Auswanderer seit dem 8. Jahrhundert v. Chr. in
Sizilien und Unteritalien und brachten mehrere Handelsgüter und Waren aus der Heimat mit.
Hauptgüter waren meist Wollstoffe, Teppiche, Birnen, Schafe, Kupfer, Holz und Feigen, aber
auch Wein, Olivenöl, Tonwaren und Waffen, die aufgrund der fortgeschrittenen Entwicklung
eine wesentliche Rolle beim Warenaustausch hatten. Besonders die griechische Keramik sollte
hervorgehoben werden. Dieser war bei der heimischen Bevölkerung eine beliebte Ware. Zu
Beginn wurden Vasen aus Griechenland importiert und folglich gegen andere Handelsgüter
getauscht, doch zur Mitte des 5. Jahrhunderts v. Chr. wurde Werkstätten von Vasenmalern, in

---

[85] Blumenthal 1963, 136

der Magna Graecia gegründet, um nicht nur vor Ort Vasen und somit Waren herzustellen, sondern auch um Maler auszubilden. Es kann hier selbstverständlich auch von Luxusgütern gesprochen werden, die in Kleinbetrieben mit besonderem Herstellungsstil erzeugt und folglich zu hohen Preisen als Prestigegüter verkauft wurden.

Die attischen Vasen erhielten in der Magna Graecia ihren eigenen Stil, die Wirtschaft in der Kolonie wurde gefördert, indem nicht nur für die in der Nähe ansässigen heimischen Bevölkerung produziert wurde, sondern auch für die ausgewanderten, in den Kolonien lebenden Griechen. Jedoch sollte in diesem Zusammenhang der Aspekt der Erzeugung „für die Einheimischen" nicht nur von der positiven Seite und den Handelsbeziehungen betrachtet werden, denn dies war nicht immer der Fall. *„Ebenso muß die Tatsache der häufigen Nachahmungen spezieller griechischer Produkte in den Töpfereien der von griechischem Verkehr und griechischer Kolonisation berührten barbarischen Völker als ein Beweis gegen hellenischen Massenexport gewertet werden [...]."*[86]

Die westgriechischen Töpferwerkstätten hatten rund fünfzig Jahre einen sehr großen Erfolg. Je nach Region unterschieden sich die Vasen und die mit Keramik hergestellten Waren, doch gegen Ende des 5. Jahrhunderts v. Chr. nahm der Export und Handel in diesem Bereich ab. Eine Überproduktion war für diesen Rückgang in der Branche verantwortlich. Verschiedene Orte, wo Werkstätten gefunden wurden, wie zum Beispiel in Metapont oder Apulien, geben sehr guten Aufschluss über die Arbeitstechniken und den Stil, der zu dieser Zeit beliebt war.

Neben der Herstellung und dem Handel mit Töpfen und Vasen, stieg rasch die Bedeutung der Oliven. Sie waren ein wichtiger Bestandteil im Leben der Kolonisten, da sie gegessen beziehungsweise zu Olivenöl weiterverarbeitet werden konnten. Somit hatten diese nicht nur bei den aus Griechenland Ausgewanderten einen hohen Stellenwert, sondern auch für Warentausch mit der heimischen Bevölkerung und der eigenen Verpflegung von Nahrung. Im Zusammenhang

---

[86] Blumenthal 1963, 137

mit den Keramiktöpfen sei noch erwähnt, dass das Olivenöl meist in solchen transportiert wurde und Archäologen Überreste des Öls bei Ausgrabungen in Süditalien gefunden haben.

Die Bedeutung der Oliven kann auch durch ihre Widerstandsfähigkeit in Bezug auf Kälte gesehen werden, da sie erst bei -6°C einfrieren und daher auch fast jeden Winter im Süden Italiens überleben konnten, genauso wie in Frankreich, wo Avignon als „Grenze" gesehen wird, da alle nördlicheren Gebiete oft einen kühleren Winter haben.

Die Oliven wurden überwiegend als Hauptbestandteil der Nahrung gesehen, bei Überproduktion wurde mehr Olivenöl hergestellt, da es länger haltbar war. *„They were eaten, and olive oil was used as a seasoning for salads, as a cooking oil (for frying and forth), for lamps, and as a substitute for soap. In trade, olives could be transported as freight, but it was much more usual to press them locally and then ship out the oil in amphorae. "*[87]

Neben den Oliven hatte auch der Weinanbau einen sehr hohen Stellenwert bei den Kolonien, denn die Griechen galten als die Erfinder des Weins und haben im Zuge der Kolonisation dieses Getränk und das dazugehörige Wissen mit in die neue Heimat genommen. Es gab schon vor den Griechen Völker, die alkoholische Getränke getrunken haben, beispielsweise die germanischen Völker und die Ägypter, die Bier brauten, doch die Kultivierung und der Prozess des Weinbaus geht auf die Griechen zurück. Zwar gab es wilden Wein in Italien, beispielsweise den Lambrusco in der Mittelmeerregion, jedoch wussten die Einheimischen nicht, wie man daraus Wein machte. Daher liegt nahe, dass dieses Getränk nach der Ankunft der Griechen zu einem sehr beliebten Exportgut wurde. Und auch hier spielte das Mitnehmen von Rebstöcken eine bedeutende Rolle, da diese nicht nur beim Überleben wichtig waren, sondern auch beim Anbau, um Wein produzieren zu können. Die lokalen Weintrauben unterschieden sich von griechischen und wurden erst im Lauf dieser Kolonisationsphase erkundet und ebenfalls weiter zum

---

[87] Hodge 1998, 51

Getränk verarbeitet. Herausragend sind besonders zwei Regionen, aus denen der Wein in weitere Kolonien, die unter anderem in Frankreich lagen, exportiert wurde, nämlich Apulien und Kampanien. Es wurde bereits erwähnt, dass Homer den Weinanbau als weiteren wichtigen Faktor für die Niederlassung in einem Gebiet genannt hat, und genau dieser Aspekt sollte nicht zu sehr vernachlässigt werden. Vermutlich nach einigen Jahren, als die ersten Kolonien im Süden Italien gegründet wurden, kam immer mehr die heimische Bevölkerung mit dem griechischen Wein in Kontakt, sodass weitere Gebiete speziell aufgrund des Weinanbaus gewählt wurden, denn *„they wanted to lay down vineyards in locations convenient to a large potential barbarian market, to which they could sell wine in larger quantities. "*[88]

Ein weiteres Produkt, welches als Handlungsgut genannt werden muss, sind Kräuter, da diese nicht nur als Nahrung, Kochmittel und für den Aroma bei Getränken verwendet wurden, sondern auch in der Medizin eine sehr große Rolle spielten. Die Bedeutung von Kräutern spiegelt sich im Reichtum und den Münzen von einigen Kolonien wieder, beispielsweise Kyrene, welches für das Silphium, einer bereits in der römischen Antike ausgestorbenen und sehr seltenen Pflanze, bekannt war. Unter anderem durch Überlieferungen von Herodot, Theophrast und Hippokrates ist bekannt, dass diese Pflanze als Heil- und Wundermittel verwendet und ohne Erfolg versucht wurde, in der Peleponnes

Abbildung 3 Silphium als wichtigstes Exportmittel der Kolonie Kyrene

zu kultivieren. *„Cyrene made its fortune out of silphium, and recognised the fact by putting a picture of it on its coinage, while Selinus, in Sicily, was name after the wild celery which grew locally. "*[89]

Neben dem Silphium wurden noch viele andere Kräuter und Pflanzen, die meist auch nur regional wuchsen und somit ein Bestandteil beim Reichtum und Handel spielten, in vielfältiger Hinsicht verwendet, unter anderem bei der Jagd und bei der Produktion von Getränken. Andere

---

[88] Hodge 1998, 53
[89] Ebd.

noch zu erwähnende Kräuter und Pflanzen, die ihre Beliebtheit nicht nur in den griechischen Kolonien, sondern auch den Mutterpoleis gefunden haben, waren unter anderem die Christrose, Lavendel, Wermut, keltischen Narde, Felsennelke und Fenchel. In diesem Zusammenhang sollte auch der Ouzo erwähnt werden, der in seiner Ursprungsform meist aus diesen bzw. manchen davon erzeugt wurde.

Eines der weiteren Handelsgüter war und ist das Salz, welches schon damals eine sehr wichtige Rolle nicht nur bei den Griechen, sondern der ganzen Menschheit spielte, da es nicht nur ein Bestandteil in der Ernährung des Menschen ist, sondern auch wichtigste Ressource bei der Erhaltung von Fisch und Schweinefleisch war. Damals wurde das Salz oft auf Salzstraßen aus weiten entlegenen Regionen transportiert und aus zwei unterschiedlichen Bezugsquellen gewonnen. *„One is rock salt, which is mined like any other mineral. The other is salt pans, flat, shallow pools, either natural or artificial, in which salt is formed from sea water by evaporation. This sounds simple enough, but in fact it was quite rare to find the requisite combination of conditions."*[90] Der Abbau von Salz war bereits Jahrhunderte vor der Ankunft der ersten Griechen in Italien bekannt und wurde von den Einheimischen betrieben. Nach dem Verlust von Gebieten an die Kolonisten, wurden auch Salzvorkommnisse von den Griechen übernommen und die gewonnene Ressource an die Bevölkerung verkauft, die sie einst selbst für sich abgebaut hatten.

Ein weiteres, besonders bei den Griechen beliebtes Handelsgut, waren Metalle. Diese wurden zwar hauptsächlich aus den heutigen Gebieten Spaniens und teilweise Frankreichs und Englands importiert, wodurch unter anderem Massilia als Haupthandelsstützpunkt profitierte und an Bedeutung gewann und Reichtum erlangte, da diese griechische Kolonie einen strategischen und wertvollen Standpunkt hatte. Die wohl wichtigsten Metalle waren Silber, Kupfer, Zinn

---

[90] Hodge 1998, 53 f.

und selbstverständlich Gold. Die Einheimischen haben zwar den Wert des Golds erkannt, jedoch, auch aufgrund des großen Bestands nicht gewusst, was sie mit diesem anfangen sollten. Daher ist beispielsweise die gallische Währung durch die Verwendung von Gold entstanden. Besten Beweis liefert uns auch die Aussage von Trevor Hodge in seinem Buch, dass die Gallier schlichtweg nicht gewusst haben, was sie mit all dem Gold anfangen sollten, sodass sie in pompösen Umfang dieses in ihr Gewand einarbeiteten und als Schmuck verwendeten.[91]

Jedoch war es nicht nur Gold und Silber, was die Griechen von der heimischen Bevölkerung erhalten wollten, sondern hauptsächlich das begehrte Zinn, da es neben Kupfer als Bestandteil bei der Verarbeitung von Bronzegütern, demzufolge auch Waffen, war. Auf Zypern erhielten die griechischen Händler massenhaft Kupfer, doch die Beschaffung von Zinn war im Vergleich dazu viel schwieriger, denn dieses musste aus Britannien, Cornwall und aus Island nach Massalia transportiert werden, um weiter in die griechische Heimat zu gelangen. Schon der Weg in das heutige Marseille barg viele Gefahren und Risiken, entweder über die Meeresroute, vorbei an der Straße von Gibraltar, oder über die Rhone und anderen Flüssen des heutigen Frankreichs.

5. Der Konflikt zwischen Korinth und Kerkyra um Epidamnos 435/33 v. Chr.

Diese Auseinandersetzung soll als Beispiel für die nicht immer positiven Verhältnisse zwischen Kolonie und Mutterpolis dienen, obwohl die Gründung der Polis auf Korfu durch die Korinther bereits um 734 v. Chr. durch den Oikist Chersikrates erfolgte. Dennoch kommt die Frage auf, welches Bild die Korinther, die auch in der Magna Graecia Kolonien gegründet haben, nun im Laufe des Konflikts von der Kolonie Kerkyra hatten. Auf der anderen Seite kann anhand der Polis am Isthmus zumindest ansatzweise erklärt und gedeutet werden, wie und was die Einwohner dieses mächtigen Stadtstaates nicht nur von der Kolonie Kerkyra, sondern auch von denen auf Sizilien und in Süditalien dachten.

---

[91] Vgl. Hodge 1998, 56

Zu Beginn muss jedoch auf die Auseinandersetzung und dessen Entstehung eingegangen werden.

Ausschlaggebend für den Konflikt war eine Kolonie namens „Epidamnos", welche von dorischen Kolonisten, die aus Korinth und der Insel Kerkyra (Anm. Korfu) stammten, im Jahr 627 v. Chr. gründeten. Heutzutage ist sie eine der wichtigsten Hafenstädte Albaniens mit dem Namen Durrës. Ein Teil der Vorgeschichte kann in Thukydides gefunden werden, der beschrieb, dass zwei Parteien miteinander seit längerer Zeit über die Vormachtstellung streiten und folglich ein Bürgerkrieg entstand. Es siegte die Volkspartei und somit wurden die Aristokraten aus Epidamnos vertrieben, *„doch [diese] rückten [...] schon kurze Zeit später, unterstützt von Hilfstruppen der illyrischen Taulantier, vor die Stadt und schädigten diese durch Plünderungszüge zu Lande und zu Wasser."[92]*

Nun zum eigentlichen Konflikt, der unter anderem die zwischenstädtischen Verhältnisse und Befindlichkeiten zwischen Kolonie und Mutterpolis darstellt. Denn nun suchte die Kolonie Hilfe bei Kerkyra und nicht bei Korinth, da *„Epidamnos den Zeitgenossen als kerkyraische Gründung galt."[93]* Wie bereits zu erkennen ist, liegt schon hier das erste Problem, da die Kolonie von Korinth und Kerkyra gegründet wurde und nun eine der beiden ausschließlich konsultiert wurde. Zu diesem Punkt äußert sich beispielsweise Graham, der mit zwei Aspekten darauf hinweist, dass die Konsultierung Kerkyras, und nicht Korinths, die richtige war, denn einerseits war die Insel zu diesem Zeitpunkt schon unabhängig von der Stadt am Isthmus, andererseits *„for though she behaved correctly in inviting a Corinthian oikist and even invited Corinthian settlers, the colony was always recognized as Corcyrean. The other colonies in which both Corinth and Corcyra were involved were never known as purely Corcyrean."[94]*

---

[92] Stickler 2010, 227
[93] Ebd.
[94] Graham 1964, 31

Nachdem die Gesandten der Kolonie Epidamnos bei der Metropolis Kerkyra ankamen, wurde ihnen die Hilfe untersagt, wodurch sie abreisen mussten und nicht wussten, was sie tun sollten.[95]

So reisten sie, wie es Thukydides schildert, nach Delphi[96], um dort eine Antwort auf ihre Frage zu erhalten, nämlich was sie tun sollten, nachdem ihre Mutterstadt die Hilfe verwehrt hat?

Dort erhielten sie die Antwort, dass sie nach Korinth reisen sollen, um dort anzufragen, ob sie bereit wären, ihnen zu helfen. Dieser Rat hatte einen Hintergedanken, da bekannt war, dass der Oikist Epidammos' aus der Polis Korinth stammte und somit eine engere Verbindung vorhanden war als zu Kerkyra. *„Es heißt bei Thukydides ausdrücklich, daß die Epidamnier auf Weisung des delphischen Gottes hin an den Isthmus reisten, um sich, wie schon zuvor in Kerkyra, gleichsam in der Position eines Bittstellers, der Hegemonie der Korinther zu unterstellen.“*[97]

Wichtig ist hier anzumerken, dass die Korinther kein Recht gebrochen hatten und nicht verbrecherisch agierten, als sie den Gesandten ihre Hilfe zugesprochen haben, vielmehr wird auch sogar von Thukydides geschrieben, dass diese der Ansicht waren, handeln zu müssen: *„partly to vindicate their own rights.“*[98]

Somit wurde im Sommer 435 v. Chr.[99] ein Heer aus Korinth entsandt, welches auch aus Soldaten anderer Poleis bestand, um einerseits die Feinde der epidamnischen Volkspartei zu besiegen, andererseits um Freiwillige in die Stadt zu bringen, wodurch diese verstärkt werden sollte. Die Streitkräfte legten eine weite Strecke an Land zurück, um der kerkyraischen Flotte auszuweichen. *„Erst von Apollonia an der illyrischen Küste aus legten die Korinther und ihre Verbündeten das letzte Wegstück zur See zurück. Auch diese einst von ihnen gegründete Kolonie unterstützte als offensichtlich das Unternehmen; zumindest stellte sie sich ihm nicht entgegen.“*[100] Dieser Konflikt, der einst lokal und ausschließlich in dieser Polis stattfand, wurde nun,

---

[95] Vgl. Thuk.b. I, 25, 1
[96] Ebd.
[97] Stickler 2010, 227
[98] Vgl. Thuk.b. I, 25, 1
[99] Stickler 2010, 228
[100] Ebd.

durch das Eingreifen der Korinther, zu einem überregionalen, der auch etliche Teile im Nordwesten Griechenlands betraf. Problematisch wurde es dann, als sich die Kerkyraier, die sich vor kurzem noch gegen eine Hilfe ausgesprochen hatten, in den Krieg einmischten, da sie nicht damit einverstanden waren, *„daß der epidamnische Demos nun mit auswärtiger Hilfe seine Macht in der Stadt festigte."*[101]

Es folgten Belagerungen und Kämpfe zwischen den beiden Parteien, die einerseits von Korinth, andererseits von Kerkyra unterstützt wurden. Thykidides schildert, dass beide Parteien viel zu emotional, unüberlegt vergeltungslustig in diesem Konflikt eingriffen und etwas mehr Einsicht notwendig gewesen wäre. Doch die Situation spitzte sich zu, als die Machthaber in Korinth von der Belagerung der Kerkyraier erfuhren und sofort weitere *„3.000 Hopliten und dreißig Schiffe"*[102] an die adriatische Küste entsendeten, wobei noch andere Poleis ebenfalls Soldaten zur Unterstützung schickten, die ein Bündnis mit den Korinther, wie zum Beispiel die Kolonien Ambrakia und Leukas, oder die Stadtstaaten Megara, Theben und Phleius, die jeweils Schiffe, Soldaten und mit finanziellen Mitteln den Bündnispartner unterstützten. Die meisten Bündnisse, die nun 435/33 v. Chr. beim anbahnenden Krieg zwischen Korinth und Kerkyra wieder in Kraft gesetzt wurden, hatte ihre Bedeutung bereits einige Jahre zuvor, so auch 460 v. Chr. als Korinth und Athen im Krieg waren. Auf der anderen Seite standen rund 75 kerkyrische Schiffe mit 2000 Mann.[103]

In Folge gab es, bevor der Krieg eskalierte, Friedensgespräche, die von lakedaimonischen und sikyonischen Gesandten geführt wurden. Sie zeigten sogar kurzzeitig Wirkung, scheiterten jedoch an drei wesentlichen Punkten.

Erstens haben die Korinther entschieden auf keine Kompromisse der Kerkyraier einzugehen, da sie Auslöser des Konflikts waren, zweitens wollte keiner der beiden Parteien die eigenen

---

[101] Stickler 2010, 229
[102] Ebd.
[103] Vgl. Thuk.b. I , 29, 1-2

Truppen zuerst abziehen, und drittens sahen sich die Korinthier in einer vielversprechenden und vorteilhaften Position. Jedoch sollte an dieser Stelle darauf hingewiesen werden, dass die Angaben der Streitkräfte je nach Quelle und Autor unterschiedlich sind, denn in 1,29,1-4 schildert Thukydides wiederum, dass die Korinther um ein paar weniger Schiffe hatten als Kerkyra und ihre Verbündeten, die in der ersten Schlacht bei Leukimme sogar den Sieg errangen, genauso wie beim Kampf, der an Land stattfand. Daraufhin segelten die Gewinner los, um sich für den Angriff auf ihre Kolonie zu rächen, griffen folglich Korinth und die von ihnen verbündete Insel Leukas an und plünderten diese.

Nach einigen Monaten der Plünderungen und Angriffe stach 434 v. Chr. eine neue korinthische Flotte in See, um vorerst Sicherheit und Ruhe im Jonischen Meer zu gewährleisten. Folglich fand ein Jahr darauf eine neue Angriffswelle der Korinther statt, jedoch mit einem neuen Ziel, nämlich die Insel Kerkyra. Im Zuge dieser neuen Konfrontationswelle gab es auch Schließungen neuer Bündnisse. Das wohl wichtigste war jenes, welches zwischen den Gesandten Kerkyras und Athen geschlossen wurde. *„Da der große Krieg mit dem Peloponnesischen Bund ohnehin nach Meinung der Mehrheit der Abstimmenden vor der Tür stand, habe das Bündnis mit den Kerkyraiern die Möglichkeit dazu geboten, die künftigen Kriegsgegner – zu denen ja die Korinther zählten – gleichsam im Voraus zu schädigen.*"[104]

In Bezug auf die Kolonien zeigt diese Konfrontation einen interessanten Aspekt darin, denn auch diese wurden teilweise verwickelt. Es wurden jene, die einst von Korinth gegründet worden waren, konsultiert und gefragt, ob Soldaten und Schiffe entsandt werden konnten. Dazu gehörten unter anderem die Poleis Leukas, Ambrakia und Anaktorion. Jedoch waren keine Kolonien aus der Magna Graecia involviert, wodurch die Frage aufgeworfen wird, wieso diese nicht auch gefragt wurden. Möglicherweise weil es ein Konflikt auf griechischem Festland war und eine Konsultierung Wochen gedauert hätte. Außerdem waren die meisten Meeresgebiete

---

[104] Stickler 2010, 233

unter Kontrolle von Feinden Korinths. Daher wäre eine Entsendung von Schiffen und Soldaten von der Magna Graecia vermutlich sowieso zu gefährlich und riskant gewesen. Den wohl wichtigsten Grund, wieso keine Kolonien aus Sizilien oder Süditalien involviert waren, stellt Graham so dar, dass die Poleis keine formale Allianz im Falle eines Krieges hatten und somit diesen keinen Beitrag leisten mussten.[105]

Durch die Seeschlacht bei Sybota, die *„streng genommen unentschieden"*[106] ausging, war auch das Interesse auf der Seite der Korinther verschwunden, den Krieg fortzuführen, was auch an den athenischen Schiffen und dem Dreißigjährigen Frieden lag, da die Polis am Isthmus diesen nicht brechen wollte.

Nun zu den klärenden Antworten auf die in diesem Kapitel angesprochenen Fragen.

Einerseits stellt sich mit Sicherheit die Frage, was diese Auseinandersetzung mit der Magna Graecia zu tun haben soll und wie sich die Sichtweise hinsichtlich der Griechen am Festland in Bezug auf die Kolonisten im Verlauf dieses Konfliktes möglicherweise änderte.

Korinth pflegte genauso wie die meisten Mutterpoleis einen engen und guten Kontakt mit den in der Magna Graecia gegründeten Kolonien, jedoch ist der Konflikt um Epidamnos ein Ereignis, welches sich im Lauf der griechischen Antike nicht mehr in dieser Weise wiederholte. Durchaus kann dennoch angedeutet und dargestellt werden, dass die Poleis am Festland noch immer, vermutlich auch aufgrund des Aspekts, dass sie diejenigen waren, die einst Bürger aus ihrem Umfeld „entsandten" und eine Vormachtstellung gegenüber den Stadtstaaten in Sizilien und Süditalien hatten, obwohl diese in fast jedem Fall absolut unabhängig handelten und lebten. Es sollten zwei Punkte unterschieden werden. Einerseits der bereits ausführlich dargestellte Konflikt zwischen Korinth und ihrer Tochterstadt Kerkya, die es verabsäumte, in ihrer Rolle als Mutterstadt zu agieren und den herbeieilenden Gesandten aus Epidamnos Schutz zuzusichern. Andererseits die Beziehungen der Mutterstädte am griechischen Festland gegenüber den

---

[105] Vgl. Graham 1964, 136
[106] Stickler 2010, 235

Poleis in der Magna Graecia, die mit Sicherheit anders aussah als es dieser Konflikt im heutigen Albanien darstellt.

Nach Thukydides' Ansicht handelte Korinth richtig und nach Recht. Nach göttlichem, da Delphi den Rat erteilt hatte, aber auch nach den Gesetzen, die eine Hilfestellung einer Kolonie im Notfall zusichern sollten. In diesem Zusammenhang kommt noch der Aspekt hinzu, dass die Korinther eine Abneigung gegenüber den Kerkyraiern hatten. Daher ist festzuhalten, dass zumindest die korinthischen Machthaber aus politischen Gründen mit dieser Kolonie und dessen Führung nicht einverstanden waren. Dies kann unter anderem durch folgende Gründe erklärt werden. Einerseits hatte die Insel eine sehr vorteilhafte Lage an der Straße von Otranto und konnte somit den Zugang in den Westen und zu den Küsten des Adriatischen Meeres militärisch und mit Zoll so kontrollieren wie sie es für richtig erachteten. Andererseits wollte sich die Kolonie von der Vorherrschaft Korinths lösen und unabhängig sein, was im Jahr 664 v. Chr. zu einem Krieg führte. Laut Thukydides besiegte die Kolonie die Mutterpolis Korinth in der ersten Seeschlacht der griechischen Geschichte. Somit löste Kerkyra die Stadt am Isthmus von ihrer Vorherrschaft in Bezug auf den Westhandel ab.

Ausschlaggebend für den Konflikt um Epidamnos war das falsche Handeln der Mutterpolis Kerkyra, doch auch Korinth versuchte durch ihre Hilfestellung ihre Interessen in den Vordergrund zu rücken, da sie durch eine Ansiedlung von Bürgern, die zwar nicht alle aus Korinth stammten, jedoch unter dem Namen der Polis angesiedelt werden sollten, die Macht in der Kolonie übernehmen wollten.

Nun zu den Verhältnissen zwischen Korinth und ihren Kolonien, die in der Magna Graecia gegründet wurden. Der Grund, wieso diese Polis im Vergleich zu vielen anderen im Zuge dieser Arbeit zur Klärung der Hauptthese herangezogen wird, liegt an den zahlreichen Überlieferungen und Quellen, die den Umgang und die Beziehungen mit den Kolonien darlegen. Besonders wichtig sind die bereits genannten Auseinandersetzungen mit der einstigen Kolonie Kerkyra, doch auch in der Magna Graecia wird eine Polis besonders hervorgehoben, nämlich Syrakus.

Im Vergleich zu anderen Stadtstaaten des griechischen Festlandes waren jene, die von Korinth gegründet wurden, *„dependent colonies of the mother city."*[107] Dadurch ist auch teilweise verständlich, wieso viele dieser, wie bereits anhand von Kerkyra verdeutlicht, ihre Unabhängigkeit suchten. Ein weiterer Aspekt dieser Kolonien liegt im Status, den diese im Sinne der Korinther hatten, da sie nämlich *„no more than outlying parts of the mother city"*[108] und *„their citizens no different from citizens of Corinth"*[109] waren.

Des Weiteren lagen zwar die Kolonien in verschiedenen Teilen des heutigen Griechenlands, Siziliens und Süditaliens, jedoch gehörte das dortige Land Korinth, und nicht denjenigen, die aussiedelten, wie es in vielen andere Fällen selbstverständlich aus Sicht der Griechen war. Die korinthischen Kolonien wurden so gegründet, dass sie über eine längere Zeit abhängig von der Mutterpolis waren, um wiederum Macht in weiteren Gebieten zu erlangen. *„It has been seen that Corinth was trying to assert her control over some mixed colonies at Corcyra's expense in the fifth century, so that it might be argued that this was part of a general Corinthian attempt to gain a stronger hold over her colonies."*[110]

Beispielsweise wurden Kolonien gegründet, um Routen zu sichern, wie es bei den Silberminen in Illyrien der Fall war. Dadurch lässt sich wiederum erklären, wieso die Korinther enge Verbindungen und Beziehungen mit den Kolonien haben wollten. Eine Distanzierung dieser wäre in vielen Fällen nicht nur wirtschaftlich, sondern auch machtpolitisch eine große Gefahr und Verlust gewesen, da die Stadt am Isthmus bereits genügend Konflikte am Festland hatte.

Dadurch ist auch erklärt, wieso ein intensiver Austausch und eine enge Beziehung von Korinth zu Syrakus' und Kerkyra gepflegt wurde, obwohl beide Kolonien im Laufe der Zeit unabhängig wurden. Außerdem unterstützte die Mutterpolis die damals noch jungen Kolonien beim Aufbau und bei Konflikten mit anderen Völkern und Poleis, erwarteten jedoch Handelsbeziehungen

---

[107] Graham 1964, 118
[108] Ebd. 119
[109] Ebd. 118
[110] Ebd. 142

und ebenfalls Unterstützungen. Herodot (VII.154.3) nennt als Beispiel die Niederlage Syrakus, als Hippokrates von Gela 492 v. Chr. die Polis eroberte und *„Corinthians and Coryreans intervented on Syracuse's behalf and settled the dispute on the terms that Camarina should be ceded to Gela.“*[111]

Somit kann darauf geschlossen werden, dass eine wirtschaftliche und politische Beziehung oft zwischen den Mutterstädten und den Kolonien in der Magna Graecia vorhanden war, egal ob diese in der neuen Heimat autonom oder abhängig waren, jedoch konnten im Laufe der Zeit diese ungeschriebenen Bündnisse aufgrund von neu geschlossenen Beziehungen brechen beziehungsweise aufgrund von zu großen zeitlichem Abstand und Problemen in der eigenen Region ohne jegliche Konsultierungen beendet werden, was die Allianzen bei einem möglichen Krieg betraf. Möglicherweise kann der Grund auch bei der Entwicklung in der Magna Graecia gefunden werden, da die Gebiete in Süditalien und Sizilien im Laufe der Jahrzehnte und Jahrhunderte immer mehr umkämpft waren, nicht nur mit den Einheimischen, sondern auch mit den dort gegründeten griechischen Poleis, die versuchten ihre Macht auszubauen.

Wieso jedoch die verfeindeten Poleis Korinth und Kerkyra nun gemeinsam eine Lösung suchten, um Syrakus zu helfen, beschreibt unter anderem Herodot (III.49.1). Er meint, dass zwar sie einander nicht ausstehen können und in vielen Angelegenheiten nicht zu einem Konsens finden würden, jedoch beide aufgrund der engen Beziehung zu und mit Syrakus versuchen mussten, dieser Kolonie auf Sizilien militärisch und diplomatisch so gut wie möglich zu helfen.

Eine weitere nennenswerte Unterstützung der Mutterpolis fand unter anderem im Peloponnesischen Krieg statt, als Syrakus um Hilfe von Korinth ersuchte, nachdem Athen im Laufe der sizilische Expedition und der erfolglosen Belagerung von Syrakus zwischen den Jahren 415 bis 413 v. Chr. eine vernichtende Niederlage erlitten hatte.

---

[111] Graham 1964, 143

Ein noch deutlicherer Hinweis auf die enge Beziehung zwischen Mutterstadt und Kolonie wird 344 v. Chr. ersichtlich, als Aristokraten aus Syrakus die Machthaber in Korinth konsultierten. Ausschlaggebend war der Tyrann Dionysios II., der daraufhin durch den korinthischen General Timoleon vertrieben wurde. *„After the overwhelming success of his mission, Timoleon also arranged for the reorganization and resettlement of Syracuse. He sent to Corinth asking for settlers, and Plutarch relates [...] that the Syracusans decreed that in any future war against a foreign enemy they would employ a Corinthian general."*[112]

Diese Aussage lässt darauf schließen, dass die Verhältnisse zwischen diesen beiden Poleis sehr gut waren und die einstige Kolonie in der Magna Graecia immer auf die Unterstützung der Mutterpolis zählen konnte. Außerdem wurden im Zuge dieser Hilfestellungen sofort neue Siedler in die Region geschickt, um diese einerseits zu stärken, andererseits weitere Bürger aus der überfüllten Polis auszusiedeln. In diesem Rahmen waren die meisten Emigrationen nicht erzwungene, sondern, auch aufgrund der Überlieferungen, ein durchaus begehrtes Ziel.

Des Weiteren erklärt Graham, *„that Corinth did not make use of the opportunity for aggrandizement when asked to send in new settlers, and if his picture could be accepted as accurate Corinth would be seen as a supreme but helpful mother city."*[113]

Einen weiteren Anhaltspunkt auf die Beziehungen zwischen Mutterstadt und Kolonien kann bei den Münzen gefunden werden, denn jene Korinths wurden in vielen Teilen, so auch in der Magna Graecia, als Währung verwendet, was darauf teilweise schließen lässt, dass nicht nur eine enge Handelsbeziehung, sondern auch *„personal connections"*[114] vorhanden waren, wobei dies nicht in jedem Fall als Argument genommen werden kann. Dennoch kann, wenn eine Kolonie die Münzen einer Polis oder einer anderen Kolonie verwendete, es als eine Verbindung gesehen werden.

---

[112] Graham 1964, 144
[113] Ebd. 145
[114] Ebd. 123

Abschließend zur Beziehung zwischen Mutterpolis und Kolonie, wie es anhand des Beispiels Korinth und Syrakus dargestellt wurde, sind noch ein paar Aspekte zur Verdeutlichung und von Erklärung notwendig. Es wurde beschrieben, dass Syrakus bei weiteren Auseinandersetzungen einen korinthischen General als Leiter einsetzen wollte, was auf zwei Gründe zurückzuführen ist. Diese Polis war im Laufe ihrer Entstehungsgeschichte in viele Konflikte auf Sizilien verwickelt, da das Land von mehreren einheimischen und griechischen Gruppen/Poleis umkämpft wurde. Durch diese Aussage wollten sie einerseits die Dankbarkeit an Korinth zum Ausdruck bringen, andererseits sollte damit jedem verdeutlicht werden, dass die mächtige Polis Korinth ihnen als Schutzherr und somit loyal zur Seite steht, um mögliche Tyrannen und Feinde abzuschrecken.

Dritter Aspekt ist jener, der in den Beziehungen zwischen Kolonie und Ursprungsstadt von Fall zu Fall unterscheidet. Hier sah sich beispielsweise Korinth als schützende Macht was auch bei den Soldaten ein Motivationsgrund zur Intervention war.

In diesem Zusammenhang kann auch Sparta als weiteres Beispiel dienen, das 346 v. Chr. ihrer unabhängigen Kolonie Taras zur Hilfe eilte, um diese vor den heimischen Völkern zu beschützen, jedoch hier die Beziehung mit Sicherheit nicht so eng war wie beim vorherigen Exempel. Im Laufe der Jahrzehnte kamen in manchen Kolonien, die nicht von Anfang an unabhängig von der Mutterpolis waren, auch aufgrund der geographischen Distanz der Wunsch auf unabhängig zu sein, doch die Entfernung kann nicht in jedem Fall als Argument herangezogen werden, bestes Beispiel ist Potidaia. Zwar lag diese Kolonie eher weit von Korinth entfernt, dennoch gilt diese Polis als einer der engsten Verbündeten.

Auch die zeitliche Entfernung der Koloniegründung kann ein ausschlaggebender Faktor sein, da die nachgefolgten Generationen der Festlandgriechen und Kolonisten nicht mehr die Bindung zu einander hatten beziehungsweise kannten, wie es einst der Fall war. Somit ist auch verständlich, dass einst die Kolonie die Beziehung zur Metropolis hatte, wie eine Mutter zu ihrer Tochter und umgekehrt. *„Hence it followed, of course, that they could not, except in extreme cases, make war on each other; and that, in all matters of common interest, the colony gave precedence to the parent state."*[115]

Durchaus hatte die Mutterpolis eine, vielleicht aus Höflichkeit beziehungsweise ungeschriebenem Gesetz, sehr wichtige und respektierte Position weiterhin inne, welche selbstverständlich wie bereits erwähnt, durchaus im Laufe der Jahrzehnt verloren gehen und folglich zu Konflikten führen konnte, da auch durch die folgenden Generationen der Kontakt und besonders die Verbindung zur Metreostadt geschwächt wurde. *„Yet neither of these circumstances implied any sovereignty or permanent on the part of the parent state, or any right to trench on the political independence of its offspring, nor any closer connection than that imposed by the ties of kindred."*[116]

Auch Leukas war eine Kolonie die Korinth im Laufe der Jahrzehnte treu zur Seite stand. Anders sahen es gegründete Polis in der Magna Graecia, die die Mutterpolis am griechischen Festland zwar als wichtigen Handelspartner sahen, jedoch auch als einen Stein im Weg, von dem man nicht unabhängig war.

In vielen Fällen war dies gar kein Thema, da die Kolonien autonom in neuen Gebieten ansiedelten und ein durchaus positives Verhältnis mit den anderen Poleis und der Mutterstadt hatten. Aufgrund der vielen Möglichkeiten, die es auf Sizilien und Süditalien gab, konnte rasch Reichtum entstehen, eines der besten Beispiele war Sybaris, wo Luxus und Wohlstand durchaus gang und gäbe war. *„Sybaris verdankte seine Gründung eher der außerordentlich fruchtbaren Ebene, die es beherrschte, als seiner Lage an der westöstlichen Küstenstraße und seiner Nähe zur Küste des Tyrrhenischen Meeres. Die Stadt war besonders bekannt für den Reichtum ihrer Getreidegebiete und für ihren vorzüglichen Wein."*[117]

---

[115] Morris 1884, 483
[116] Ebd.
[117] Boardman 1964, 210

Aufgrund dieses Bildes, welches die Händler im Kontakt mit den Städten am griechischen Festland pflegten, sehnten sich deswegen auch viele Einwohner nach einem besseren Leben. Speziell diesen Eindruck hatten die mutterländischen Griechen von der Magna Graecia.

Vielleicht auch nicht nur aufgrund des Handels, sondern der Erzählungen, in denen möglicherweise auch oft übertrieben wurde, ist ein durchaus sehr positives Bild von den Kolonien Siziliens und Süditaliens den Festlandgriechen vermittelt worden. Folglich wurden viele Griechen dazu verlockt, ihr eigenes Glück dort zu suchen. Jedoch muss erwähnt werden, dass besonders auf Sizilien die reichen Gebiete stark umkämpft und somit auch hier das Leben nicht einfach war.

In diesem Zusammenhang kann auch der Gegensatz von Griechenland und der Magna Graecia aufgezeigt werden, denn am Festland war die Landwirtschaft schon in der Antike eher karg und der Anbau aufgrund des gebirgigen Umlandes schwierig, auf der anderen Seite stand die Kornkammer Sizilien mit hohen Erträgen und Überschuss, der wiederum zum Verkauf und Handel verwendet werden konnte.

Als Resümee aus dem korinthisch-kerkyräischen Konflikt kann geschlossen und auch auf die Kolonien in der Magna Graecia übertragen werden, dass die Mutterpolis immer einen strategischen Plan bei der Ansiedlung neuer Poleis in Gebieten hatten, sei es auf militärischer, handelsspezifischer oder geographisch-taktischer Ebene. Im Falle Korinths ist zu erkennen, dass hauptsächlich eine Abhängigkeit der neu gegründeten Kolonien angestrebt wurde, um die eigenen Interessen zu verfolgen, jedoch kann, wie im geschilderten Fall um Epidamnos, festgestellt werden, dass auch die Kolonien ihre Unabhängigkeit und eigenen Interessen verfolgten, um ihre Macht auszubauen. Neben Epidamnos wird auch das Aufeinandertreffen von Interessen im Nordwesten Griechenlands berichtet, was dazu führte, dass das Verhältnis umso mehr negativ beeinträchtigt wurde. Verdeutlicht wird der Konflikt durch die Stellungnahme eines Diplomaten aus Kerkyra. *"But should they (the Corinthians) say that it is not just for you to receive their colonists, let them learn that every colony, if well treated, honors its mother country; but if wronged is estranged from it; for they are not sent out to be slaves, but to be on the same footing*

with those who are left at home."[118]

Auch aufgrund des Unabhängigkeitskrieges war die Beziehung nicht gut, daher war das Ansehen der einstigen Kolonie bei den Korinthern nicht vorhanden. Doch auch die Kerkyräer halten

fest, dass sie gewusst haben, wie andere Metropoleis mit ihren Kolonien umgegangen sind und

dies auch von Korinth erwartet haben. "*The Corcyraeans are here stating the common Hellenic*

conception of colonial relations to the Athenians, who must have been perfectly familiar with

the normal relation of colony and metropolis, and whose own recent practice must have in-

clined them to reject any but the most stringent view of the subordination of colonies to the

parent state. Colonists stand, they say, on an equal footing with their fellow-citizens who remain

behind."[119]

Somit hat der heutige Betrachter ein ziemlich umfangreiches Bild des damaligen Konflikts ge-

wonnen. Korinth bemängelte an ihrer Kolonie, dass sie nicht untergeordnet den Pflichten nach-

gingen, die ihr instruiert und befohlen wurden, diese wollten wiederum nicht wie Sklaven, son-

dern wie Ebenbürtige gleich behandelt werden.

Jedoch ist Korinth nicht die einzigen Metropolis, die bereits zu Beginn der Gründung von Ko-

lonien versuchte, diese in ihrer Abhängigkeit und untergeordneten Rolle zu fesseln, doch dies

war nicht immer der Fall, da es auch ausreichend andere Beispiele gibt, in denen die Auswan-

derer unabhängig und ohne jeglicher Bindung zur Mutterpolis lebten.

Die unterschiedlichen Verhältnisse zwischen Kolonien und Metropoleis verdeutlicht Morris

(1884) mit Hilfe von Beschreibungen Thukydides (Th.I.38): "*Although our colonists, they have*

all along revolted from us, and are now making war upon us; saying that they were not sent out

to be ill-treated. But we say that neither did we settle them to be insulted by them, but to be

their leaders and to be properly respected by them. Our other colonies, at least, honor us, and

---

[118] Morris 1884, 480
[119] Ebd.

73

we are much beloved by our colonists. Even if we were in the wrong, it had been honorable for them to have yielded to our humor; but disgraceful for us to have done violence to their moderation. "[120]

Hingegen hatte Syrakus auch aufgrund der Handels- und Bündnisbeziehung einen hohen Stellenwert bei ihrer Mutterpolis und somit war hier das Bild der Kolonisten ein ganz anderes. Auf die Frage, wie das Bild der Kolonisten in der Magna Graecia „zuhause" auf dem griechischen Festland ausgesehen hat, muss klar gesagt werden, dass es mit Sicherheit keine einheitliche Stellung in diesem Bezug gegeben hat.

Auf Sizilien gab es Kolonien, die einst von Emigranten aus Rhodos, Megara, Kointh, Karthago und der griechischen Insel Euböa gegründet worden waren, die wiederum neue und weitere Siedlungsgebiete durch Errichtungen weiterer Kolonien sicherten. Das Bild war durchaus positiv, besonders auch deswegen, weil die Poleis in der Magna Graecia als sehr reich galten, weitgehend unabhängig von den Mutterpoleis waren und dennoch den Kontakt und Handel mit dieser pflegten. Ein weiterer möglicher Aspekt, dem jedoch nicht zu viel Wert geschenkt werden sollte, waren die bestehenden familiären Kontakte, die zwischen Emigranten und „Daheimgebliebenen" bestanden.

Durch Briefe und den Handel blieb eine Korrespondenz weiterhin vorhanden und hat offenbar dazu beigetragen, dass weitere Auswanderungen aufgrund von Erzählungen durchgeführt wurden, um ebenfalls einen Anteil am möglichen Reichtum zu haben beziehungsweise in Handelsgeschäfte einzusteigen.

Eine weitere Verbindung kann in den militärischen Bündnissen erkannt werden, *„for the performance of military service was also a duty of the colonies"*[121], obwohl im Laufe der Zeit diese gegenseitige Unterstützung nicht immer der Fall war, wie es beispielsweise der korinthisch-kerkyräischen Konflikt gezeigt hat, da manche Kolonien eine engere und treuere Beziehung zur

---

[120] Morris 1884, 480
[121] Ebd. 479

Metropolis hatten als andere, die sich überhaupt nicht, obwohl ihnen einst in mehreren Angelegenheiten geholfen wurde (wie im Fall Syrakus), in diesen Krieg einmischten. Diese Ablehnung der Hilfestellung konnte somit durchaus das Bild der einstigen Kolonien in der Magna Graecia aus der Sicht der Festlandgriechen negativ beeinflussen.

Dies galt nicht nur im Fall von korinthischen Kolonien, sondern auch bei anderen. *"In both, the Ionian colonies are spoken of as standing in a filial relation to Athens; and it is assumed that this relationship ought to forbid the Ionians from taking any part, except by compulsion, in the expedition of Xerxes against Athens."*[122]

Jedoch entwickelten sich Vorstellungen hauptsächlich durch Erzählungen und durch den Handel in Kontakt gekommenen Menschen. Nur durch diese Überlieferungen und Darstellungen war es damals möglich zu erfahren, wie überhaupt die Lage in der Magna Graecia ausgesehen hat. Somit spielten beispielsweise die Wettkämpfe, die im folgenden Kapitel in Zusammenhang mit Pindars Oden beschrieben werden, eine durchaus größere Bedeutung hinsichtlich der nach Sizilien und Süditalien ausgewanderten Kolonisten und deren Nachfahren, der Bürger in den Metropoleis.

---

[122] Morris 1884, 480

6. Epigraphische Quellen zur griechischen Kolonisation

6.1. Die Siedlergesetze der hypoknemidischen Lokrer für die Epioikie in Naupaktos

Die Bezeichnung Lokris steht für eine Region in Mittelgriechenland, die in zwei Gebieten getrennt wurde, einerseits in das östliche Lokris, welches sich von den Thermopylen bis zum Golf von Euboia erstreckt und in den Quellen auch als Lokris Opuntia erwähnt wird, andererseits in das westliche Lokris, das auch als Lokris Ozolia bezeichnet wird. Dieses liegt an der Nordküste des Korinthischen Golfs und hat die Macht über die strategisch bedeutende Hafenstadt Naupaktos inne.

Auf einer Bronzetafel aus Chaleion, die aufgrund der lokrischen Schrift und des westlokrischen Dialekts klar zugeordnet werden konnte, sind Satzungen und Gesetze für die hypoknemidischen Lokrer in Naupaktos beschrieben, die einen Einblick für die Bestimmungen über das Personen- und Güterrecht liefern. Jedoch handelt es sich hier auch um eine von den Lokrern gegründete Kolonie, die in der Regel, wie bereits in vorherigen Kapiteln erwähnt, zu einer neuen, unabhängigen und eigenen Polis wurde. Dennoch gab es, wie auch in diesem Beispiel, weiterhin enge Kontakte zwischen Mutterstadt und der Apoikia, sei es auf religiöser (Verehrung der gleichen Gottheiten) oder kultureller (Teilnahme an bedeutsamen Festen) Ebene.

Der Rechtstext regelt unter anderem Modalitäten, unter welchen Bedingungen ostlokrische Kolonisten von der Mutterstadt Opus in das westlokrische Naupaktos siedeln sollen. Dabei werden *"sowohl der künftige Rechtsstatus der Kolonisten in Naupaktos, als auch ihre fortdauernde rechtliche Bindung an die ostlokrische Heimat (einschließlich der Möglichkeit zur Rückkehr nach Ostlokris) festgelegt."*[123] Hauptziel bei der der Aussendung dieser Siedler war die Stär-

---

[123] Beck 1999, 55

kung der Kolonie, da es mit der Ansiedlung zugleich auch zu einer Erhöhung der Wehrtüchtigkeit kam. Viele Kolonisationsbemühungen wurden von Risiken und Gefahren begleitet, so auch diese. *"Wollte man in Ostlokris Bürger finden, die sich freiwillig auf ein solches riskantes Unternehmen einließen, so mußten die materiellen Risiken der Kolonisten durch gesetzliche Erleichterungen des Wiedereintritts in ihr ursprüngliches Bürgerrecht abgefedert werden."*[124]

Wie bereits im 6. Kapitel anhand Korinth dargestellt wurde, gab es jedoch auch Kolonien, die mehr in der Abhängigkeit ihrer Mutterstadt waren, als andere, was nicht immer ein Vorteil war, da die neu erschlossenen Gebiete aufgrund von verschiedenen Gründen (strategisch wertvoll oder aufgrund von Ressourcen und Handelsmöglichkeiten) als Besitz beziehungsweise Hoheitsgebiet angesehen wurden.

Als ein weiteres Beispiel für diese *"komplexen Prozesse der Etablierung und Institutionalisierung staatlichen Handelns im archaischen Griechenland"*[125] dienen die Gesetze der hypoknemischen Lokrer über die Kolonie in Naupaktos, die auch aufgrund der engen Bindung zwischen Mutterpolis und Kolonie interessant ist.

Bereits im ersten Abschnitt der Übersetzung von K. Brodersen wird das Recht, das die Kolonisten haben, klar dargestellt, da sie, obwohl sie nicht mehr in der Mutterpolis leben, dennoch als Gastfreund gesehen werden, die *„an heiligen (Handlungen) teilzuhaben und zu opfern erlaubt sein, wenn er dorthin kommt, falls er es wünscht; falls er (es aber) wünscht, soll er opfern und teilhaben als Mitglied des Volks und der Gemeinde, er selbst und sein Geschlecht, für immer."*[126]

In diesem Zusammenhang muss jedoch auf den ersten Satz hingewiesen werden, da dieser als Grundvoraussetzung für die gesamte Unternehmung verstanden werden kann und folglich die weiteren Beziehungen zwischen der Mutterpolis und den Kolonisten regeln beziehungsweise

---

[124] Beck 1999, 55
[125] Ebd. 53
[126] Brodersen 1992, 17

klarstellen soll: *„Nach Naupaktos soll unter den folgenden Bedingungen die Epioikie (=Kolonie) (gesandt werden)."*[127] Des Weiteren wird beschrieben, wie es mit den Abgaben und Steuern auszusehen hat, denn ein *„Siedler der hypoknamidischen Lokrer [soll] nicht zahlen bei den hypoknamidischen Lokren, ehe nicht einer von ihnen wieder hypoknamidischer Lokrer wird."*[128] Das bedeutet, dass ein nach Naupaktos ausgesiedelter hypoknamidischen Lokrer keine Steuern in der Mutterpolis leisten muss, da er nun ein Naupaktier ist, andererseits weiterhin etliche Rechte hat, die in Verbindung mit der Mutterpolis stehen.

In Bezug auf die Steuern ist außerdem zu erwähnen, dass ein Siedler in Naupaktos aus der grundlegenden Gemeinschaft der Lokrer ausgeschlossen wird, wenn dieser in der Kolonie mit seinen Steuern im Rückstand ist und somit kein Recht hat in die Mutterpolis beziehungsweise in andere Stadtstaaten, die unter der Herrschaft der Lokrer standen, umzusiedeln beziehungsweise auszuwandern. Hiermit kann eines sehr klar erkannt werden, nämlich das Gemeinschaftsgefüge der Lokrer, die, obwohl sie zwischen Kolonisten, also zum Beispiel den Naupaktiern und sich selbst aufgrund der verschiedenen Lebensorte unterscheiden, dennoch alle als Lokrer ansehen und unter einem, nämlich ihren, Recht leben, egal ob die Kolonien unabhängig sind oder nicht. Zumindest im Zusammenhang mit der Kolonie Naupaktos gibt es keine Differenzierung.

Einen weiteren Beleg für die offenen und engen Beziehungen zwischen Mutterstadt und Kolonie stellt die mögliche Rückkehr in die Geburtsstadt dar, wo der einstige Lokrer und nunmehrige Naupaktier unter verschiedenen Umständen in seine Heimat zurückkehren konnte. *„ Wenn einer zurückzukehren wünscht, soll es, wenn er an seinem Herde einen erwachsenen Sohn oder Bruder zurückläßt, erlaubt sein, ohne Gebühren. Wenn aus Zwang vertrieben werden aus Naupaktos die hypoknamidischen Lokrer, soll es erlaubt sein, (dorthin) zurückzukehren, woher ein*

---

[127] Brodersen 1992, 17
[128] Ebd.

jeder stammt, ohne Gebühren."[129]

Jedoch wird im Zuge dieser Gesetze neben der Rückkehr aus Naupaktos auch klargestellt, dass eine Heimkehr nur dann möglich ist, wenn zumindest ein erwachsener Sohn in der Kolonie bleibt. Somit ist zu erkennen, dass trotz gewisser rechtlicher Zugeständnisse der Lokrer hinsichtlich den Siedlern/Kolonisten Naupaktos' und der Rückkehr dennoch der Fortbestand der Kolonie ein sehr großes Anliegen ist.

Beispielsweise ist auch der Antritt des Erbes und die damit zusammenhängende rechtliche Verpflichtung im Zuge dieses Rechtstextes beschrieben, denn *„wer keinen Nachkommen im Haus oder einen Erben unter den Siedlern in Naupaktos hat, dem soll dann der Nächste der Verwandtschaft aus den hypoknemidischen Lokrern, woher von den Lokrern er auch sei, darüber verfügen, indem er selbst (nach Naupaktos) kommt, wenn es ein Mann ist oder ein Knabe, und zwar innerhalb von drei Monaten; wenn aber nicht, sollen die Gesetze der Naupaktier Anwendung finden.*"[130] Somit ist jeder Mann, falls dieser der nächste aus der Verwandtschaft ist, verpflichtet die „Position" des Verstorbenen einzunehmen und nach Naupaktos zu ziehen, womit wiederum die Bedeutung der Weiterführung der Kolonie im Mittelpunkt steht.

Interessanterweise zeigt im Fall von Naupaktos und den Nachzüglern, die aus der Mutterpolis aussiedelten um in die Kolonie zu ziehen, ein weiterer Aspekt die Bedeutung der Stärkung der Kolonie auf, indem nämlich Opus einseitig bestimmt hat, dass einerseits die Auswanderer wieder in ihre Heimat unter verschiedenen Voraussetzungen zurückkehren dürfen und andererseits *„in genannten Erbfällen nicht opuntisches, sondern naupaktisches Recht (als neues Heimatrecht der Nachzügler) angewendet werden soll.*"[131] Des Weiteren wurden Nachzügler mit verschiedenen Satzungen und Gesetze unterstützt, um ihnen die Polis Naupaktos interessant und attraktiv zu machen.

---

[129] Brodersen 1992, 17
[130] Beck 1999, 55
[131] Barta in Rollinger (Hrsg.) 2007, 48

Abschließend sollte noch ein genauerer Blick auf die Satzungen und Gesetzen gelegt werden, da diese einen viel umfangreicheren Einblick in die rechtstheoretische Qualität zwischen Kolonie und ihrer Mutterstadt geben, als man annimmt. Ein sehr treffendes Beispiel liefern die letzten Worte des soeben erwähnten Zitats, nämlich *„wenn aber nicht, sollen die Gesetze der Naupaktier Anwendung finden. "* Es stellt sich die Frage, wann und unter welchen Umständen Gesetze in den Tochterstädten angewendet wurden die von der Mutterpolis vorgegeben beziehungsweise auferlegt wurde, und ob sich die Satzungen/Gesetze überhaupt zwischen diesen unterschieden.

Eine Auskunft gibt uns ebenfalls der Rechtstext auf der Bronzetafel, denn inhaltlich, gab es *„immer wieder Berührungspunkte zu beiden Rechtsbereichen; zu klären war etwa der Fall, dass der Vater eines Aussiedlers / Nachzüglers (etwa nach Naupaktos) im heimischen hypoknemidischen Lokris / Opus gestorben war und klargestellt werden sollte, ob der Sohn, der mittlerweile Bürger von Naupaktos geworden war, als Familienangehöriger – allein oder beispielsweise neben Geschwistern / Brüdern – auch nach opuntischem Recht erbberechtigt sein sollte. Und auch der umgekehrte Fall und andere Fälle bedurften einer Lösung. "*[132]

Eine weitere Antwort findet man bei den übernommenen Werten und Normen, die die Kolonisten meist in die neue Heimat mitgenommen haben, so wie Kultur und Religion. Jedoch schildert uns das Beispiel der hypoknemidischen Lokrer und der Naupaktier, dass es nicht immer so einfach war, zwischen zwei ähnlichen und dennoch in manchen Ansätzen abweichenden Gesetzen eine klare Struktur zu finden. Solche Fragen kamen nur dann auf, wenn die Tochterstadt *„über eine eigene Rechtsordnung verfügte, was offenbar bis ins späte 6. Jh. v. C. regelmäßig der Fall war; "*[133]

---

[132] Barta in Rollinger (Hrsg.) 2007, 38
[133] Ebd.

Allgemein betrachtet zeigt dieses Beispiel sehr gut auf, dass es nicht immer klar war, welche Gesetze wo herrschten, besonders dann, wie im Fall von Naupaktos, wenn zwei Rechtsordnungen einander berührten. Dies hatte zur Folge, dass in der griechischen Antike ein gewisses Gespür für dieses Thema aufgekommen ist, denn es soll nicht nur eine Seite bevorzugt, sondern ein gewisses Gleichgewicht gefunden werden, was auch auf die meist engen und dauerhaften Beziehungen zwischen Mutterpolis und Kolonie zurückzuführen ist.

In Bezug auf die Gesetzestafel, oder auch der Koloniegründungsurkunde, ist auf das Wort „Epoikie" im ersten Satz zu verweisen, da dies zum Ausdruck bringt, dass es sich hier um eine bereits bestehende Kolonie handelt und somit keine Kolonisten angesprochen werden sollten, wie es vielleicht in der Magna Graecia bei den ersten Aufbrüchen in die neue Heimat in Sizilien und Süditalien der Fall war, sondern vielmehr um Zu- und Nachzügler in eine bereits vorhandene Kolonie, vermutlich sogar in einen Stadtstaat, die zwar unabhängig war, aber dennoch in engem (auch rechtlichen) Kontakt mit der Mutterstadt stand. Das hatte wiederum zur Folge, dass die Siedler mit dem Erwerb des Bürgerrechts dieser Polis auch dem naupaktischen Recht fügen mussten. Dennoch hatten diese Bürger weiterhin Rechte in der einstigen Heimat Opus, was vermutlich unter Zugeständnis der Tochterstadt Naupaktos erfolgte.[134]

Dieses Beispiel zeigt deutlich, dass beim Verhältnis zwischen Kolonie und Mutterstadt *„nicht nur im Idealfall das Wohl beider Seiten"*[135] im Vordergrund stand, und auch auf wirtschaftlicher, rechtlicher und kultureller Ebene eine enge Verbindung zwischen der Apoikia und ihrer Mutterpolis vorhanden war.

Am wohl offensichtlichsten wird die bemühte Beziehung anhand der unterschiedlichen Rückkehrrechte der Kolonisten dargestellt, doch im Vordergrund, wie es die Bronzetafel aus Chaleion zeigt, stand ohne Zweifel die Verstärkung der bereits vorhandenen Kolonie Naupaktos' durch die sogenannten Epoikoi, den Nachzüglern, gegenüber möglichen Feinden.

---

[134] Barta in Rollinger (Hrsg.) 2007, 40 f.
[135] Ebd. 45

Anhand dieses und anderer Beispiele lässt sich auch ein Teil in der Rechtsentwicklung im Bereich der Mutter- und Tochterpolis in der griechischen Antike erkennen, da vermehrt Bemühungen zu erkennen sind, um Rechtskollisionen zu vermeiden, unter anderem beim Verlust oder der Beibehaltung des alten Bürgerrechts, der Rückkehrberechtigung der Auswanderer wenn ein Kolonisierungsversuch scheitert, wie es zwar nicht im Falle von Kyrene eintraf, jedoch dieser Punkt einen Hauptteil beim überlieferten Text ist, wo von einer Eidesvereinbarung der Vorfahren die Rede ist, doch mehr dazu im folgenden Kapitel.

Zusammengefasst beinhaltet der Text mehrere Bereiche, die in drei Teile gegliedert werden können, die wiederum diverse Aspekte darstellen: Der erste beschreibt, dass die Nachzügler eine Kult- und Steuergemeinschaft in Naupaktos haben sollen, von der hypoknemidischen Steuer befreit werden und ein Rückkehrrecht nach Opus haben, wenn gewisse Bedingungen erfüllt sind.[136] Die Vorteile, die diese Epioikie erhielten, sollten nicht nur aus privatrechtlicher Sicht betrachtet, sondern auch als ein großer Bestandteil der Politik und der Beziehung zwischen Tocher- und Mutterstadt gesehen und verstanden werden, da die Ostlokrer selbstverständlich großes Interesse hatten, weiterhin Siedler, auch aufgrund von Wohlergehen und militärischen Aspekten, nach Naupaktos „zu schicken", wodurch auch die Stärkung der Kontakte zueinander auf Ebene der Stadtstaaten gepflegt wurden. In diesem Zusammenhang kann noch einmal auf das Erbrecht eingegangen werden, welches ebenfalls als ein großer Bestandteil der Siedlungspolitik war, da mit dem beschriebenen Recht eine lebendige Austauschbeziehung vorhanden sein soll. Demnach konnten auch künftige Generationen, die getrennt voneinander lebten, unter den bereits genannten Gesetzen erben.[137]

Der zweite Teil beschreibt den Treueschwur der Apoikien, die schwören müssen, den Opuntiern treu zu bleiben und nicht von ihnen abzufallen. Außerdem wird die Steuerpflicht erwähnt, und die Androhung des Ausschlusses, wenn die Steuer nicht geleistet wird. Ein weiterer Punkt

---

[136] Barta in Rollinger (Hrsg.) 2007, 74
[137] Ebd. 80 f.

ist die verpflichtende Ankündigung in Naupaktos und Opus, falls eine Rückkehr eines Kolonisten erwünscht ist.[138] Des Weiteren werden unterschiedliche Erbrechte aufgelistet die bereits in
diesem Kapitel ausführlich beschrieben wurden.

Im dritten und letzten Teil wird lediglich darauf hingewiesen, dass die Gesetze auch für die
Chaleier gelten, *„die unter Führung des Antiphates Siedler waren. "*[139]

6.2. Die Eidesvereinbarung Theras um 600 in Bezug auf ihre Kolonie Kyrene

Wie bereits im Unterkapitel 3.3.1. beschrieben, gab es auch bei der Gründung der Kolonie Kyrene eine Vorgeschichte, die auf das Orakel Delphis zurückzuführen ist, jedoch hat diese Sage,
die von Herodot erzählt wird, nur einen geringen Stellenwert. Bedeutender ist die, genauso wie
in vielen anderen Poleis herrschende, Überbevölkerung auf der Insel Thera, welche für die Auswanderung und Aussiedlung von Bürgern die Folge hatte. Aufgrund von Nahrungsknappheit
kam die Volksversammlung Theras zum Entschluss, aus jeder Familie einen unverheirateten
Sohn in das heutige Libyen zu senden, um dort an der Gründung einer Kolonie teilzunehmen.
Diese lässt sich ungefähr auf das Jahr 630 v. Chr. datieren. Um das Ziel einer Koloniengründung
zu errichten, hatten die Siedler fünf Jahre Zeit. Des Weiteren wurde jedem, der an dieser Kolonisation teilnahm, für den Fall des Scheiterns der Expedition ein Anteil an Land zugesichert,
sowie dem Recht auf Rückkehr in ihre Heimat und dem dort zurückgelassenen Besitz. Kyrene
sollte aus Sicht Theras eine autonome und souveräne Kolonie werden, wurde dies auch und
übertraf auf verschiedenen Ebenen die Erwartungen, sei es im Bereich des Handels, Wohlstandes oder den vorgefundenen Möglichkeiten. So wie am Beispiel von Naupaktos wurden Vereinbarungen und Dekrete auch bei der Vereinbarung bei den Vorfahren, die aus Thera stammten
und Kyrene gründeten, in einem gewissen religiös-kultischen Rahmen eingebunden, indem geschrieben steht: *Unter diesen Bedingungen haben die Eideszeromonie durchgeführt die, die am*

---

[138] Vgl. Brodersen 1992, 17
[139] Ebd. 18

83

Ort (=Thera) blieben und die, die um zu siedeln fortzogen; und sie sprachen Flüche aus gegen die, die das Beschworene überträten und nicht daran festhielten, seien dies Leute von denen, die nach Libyen siedelten, oder von denen, die hier bleiben. Sie formten dazu wächserne Figuren und verbrannten sie unter Fluchformeln, nachdem alle zusammengekommen waren, Männer, Frauen, Jungen und Mädchen: Wer nicht bei diesen Eidbestimmungen bleibe, sondern sie übertrete, solle so zerschmelzen und zerrinnen, wie die Figuren, er selbst, sein Geschlecht und sein Vermögen.... "[140]

Die Eidesvereinbarung, welche im 4. Jahrhundert v. Chr. auf einer Marmorstele in Kyrene aufgelistet wurde, beinhaltet mehrere Punkte, wie *"der persönlichen Verpflichtung der Aussiedler und der Polis Thera (hinsichtlich der festgelegten Bedingungen) auch insofern ein staatsrechtlicher Akt erblickt werden, als Thera in Entstehung der neuen Polis, der Apoikie Kyrene, im Voraus anerkennt und diese Anerkennung durch das Gelingen des Unternehmens bedingt erscheint."*[141] Eher auffällig ist die bereits genannte Regelung, die den Auswanderern fünf Jahre Zeit gibt, um eine Kolonie zu gründen. Dies war vermutlich bei schwierigeren kolonialen Unternehmungen nicht selten, da die Kolonisten, die teilweise auch freiwillig aussiedelten, zumindest die Möglichkeit und die rechtliche Sicherheit erhalten sollten, um wieder, falls die Expedition scheitern sollte, in die Heimat zurückkehren zu können. Dies hatte unter anderem zur Folge, dass im Laufe der Großen Kolonisationsphase gewisse rechtliche Standards und Vereinbarungen entstanden. *„Es ist nämlich schwer vorstellbar, dass größere (und insbesondere nicht nur von einer Polis getragene) Koloniengründungen [...] ohne solche Regeln das Auslangen gefunden haben sollten. Das immer wieder bunte Gemisch von Siedlern verlangte nach Regeln [...], um das beträchtliche persönliche und familiäre Risiko der Kolonisten, aber auch das der diese entsendenden Mutterstadt abzufedern."*[142]

---

[140] Brodersen 1992, 6
[141] Barta in Rollinger (Hrsg.) 2007, 68
[142] Ebd. 65

Ein weiterer Grund, wieso fünf Jahre als Zeitdauer gewählt wurde, kann auf die Besitztümer zurückgeführt werden, da diese nicht zu lange von der Polis verwaltet werden konnten. Ferner traten in manchen Expeditionsversuchen Todesfälle ein, womit wiederum eine Änderung in der Rechtslage erfolgte. Außerdem wurden diejenigen, die aussiedeln mussten, dennoch als Bürger und Söhne der Polis gesehen, die bereits alles zurücklassen mussten, *„um die Versorgungslage Theras zu sichern.“*[143]

In Bezug auf Thera und ihrer Kolonie Kyrene sind folgende Aspekte zu erkennen: Obwohl die Siedler von einem „Pakt" reden, den einst ihre Vorfahren miteinander geschlossen haben, behielten sie ihr Bürgerrecht von der Metropolis, da *„den Theraiern das gleiche Bürgerrecht auch in Kyrene"*[144] bleiben soll. Zweitens nahmen die Kolonisten eine gewisse politische Struktur aus ihrer Heimat mit, da unter anderem die politische Einteilung in Phylen, Phratrien und Hetairien erfolgte. Doch auch die Härte, Strenge und dennoch vorhandene Gleichberechtigung unter den Aussiedlern ist aus der kyrenischen Marmorstele zu erkennen, denn *„ wenn aber einer nicht ziehen will, obwohl die Stadt ihn fortschickt, soll er todgeweiht sein, und sein Besitz soll eingezogen werden. Wer ihn aber aufnimmt oder versteckt, sei es ein Vater seinen Sohn oder ein Bruder seinen Bruder, wird dasselbe erleiden wie der, der nicht ziehen will. "*[145]

Somit ist klar, dass besonders in dieser Expedition sehr viele mit großem Hass gegenüber ihrer Mutterstadt und Heimat das Land verließen, um in einer unbekannten und weit entfernten Welt ein neues Leben aufzubauen. Dennoch, trotz des Hasses, behielten die Aussiedler die Sprache, Kultur, Religion und Sitten der Metropolis bei.

Abschließend ist noch zu klären, wieso eine „Eidesvereinbarung", die von Vorfahren miteinander beschlossen wurden, einfach so gebrochen beziehungsweise als nicht vorhanden angesehen werden konnte. Der *„feierlich geleistete Eid erscheint (rechtlich) aber bloß als feierliche Form*

---

[143] Barta in Rollinger (Hrsg.) 2007, 71
[144] Brodersen 1992, 5
[145] Ebd. 5 f.

85

der als bindender öffentlichrechtlicher Akt, nicht aber als Vertrag (?) zu verstehenden Rechts-

beziehung (zwischen Aussiedlern und Theraiern). – Die „Regeln" für dieses Unternehmen wa-

ren vielmehr zuvor einseitig durch Beschluss der „Versammlung" / Ekklesia festgelegt wor-

den. "[146]

So wie im vorherigen Kapitel, welches von Opus und der Kolonie Naupaktos handelte, ist auch

hier bei Thera und Kyrene zu erkennen, dass die Gründung und folglich die Fortsetzung und

der Fortbestand der Kolonie das oberste Ziel der Metropolis war und dieses sogar mit sehr

drastischen Mitteln vollzogen wurden, sei es, wie bereits erwähnt, durch die Androhung der

Todesstrafe für denjenigen, der nicht ausreisen möchte, sowieso für jenen, der ihm dabei hilft,

oder durch die Verbrennung und Verfluchung von Puppen.

Neben der Forderung (eine Kolonie zu gründen), den brutalen und rücksichtslosen Androhun-

gen, die auf die Landknappheit auf Thera und die damit verbundene schwierige Versorgungs-

lage zurückzuführen sind, der vermeintlichen Eidesvereinbarung und den Zugeständnissen

(Land durch Los), gab es noch weitere Aspekte, die bei dieser Expedition zu berücksichtigen

sind, beispielsweise das Recht der Angehörigen, nach erfolgreicher Besiedelung der Ausgereis-

ten, ebenfalls Anteil an Land durch Los, Ehrenämter und das Bürgerrecht in der Kolonie zu

erhalten, falls diese aus Thera nach Kyrene aussiedeln würde.

Zusammengefasst lässt sich die Eidesvereinbarung, die beidseitig erfolgte, als Bedingungen,

Satzungen und zu einem gewissen Punkt auch als Vereinbarungen betrachten, die jedoch von

der politischen Versammlung in Thera einseitig, ohne Zustimmung der Kolonisten, beschlossen

wurde und somit von einer einvernehmlichen und beidseitigen Vereinbarung nicht gesprochen

werden kann. Im Vordergrund bei diesem durchaus komplizierten und schwierigen Unterneh-

men stehen zwei Aspekte: Einerseits die Menschen, die aussiedeln mussten, um ein weiteres

friedliches und vor allem mit ausreichend Ressourcen vorhandenes Leben auf der Inseln Thera

---

[146] Barta in Rollinger (Hrsg.) 2007, 70

zu gewährleisten, andererseits sollten die Kolonisten zumindest das Gefühl von ihrer Polis erhalten, dass ihre Sicherheit, Besitz und Heimkehr im Falle einer gescheiterten Koloniegründung ohne Bedenken legitim und gestattet wäre. Des Weiteren sollte im Fall einer erfolgreichen Kolonisierung in Libyen eine positive und gute Verbindung und Beziehung zwischen Mutter- und Tochterstadt vorhanden sein.

7. Griechische Quellen in Bezug auf die ausgewanderten Kolonisten

In diesem Kapitel soll untersucht werden, wie das Ansehen der Emigranten und die im Zusammenhang stehenden Schilderungen von griechischen Autoren formuliert werden. Ist das Bild ein negatives oder wird heroisch und mit Begeisterung über diese griechischen Bürger geschrieben?

Beginnend mit Pindars Oden soll erkannt und ein spezielles Augenmerk auf die Inszenierung und Beschreibung der dargestellten Hauptdarsteller gelegt werden, um die Fragestellung des mutterländischen Bildes in Bezug auf die ausgewanderten Griechen, die nun zu den Olympischen Spielen als reiche Bürger zurückgekehrt sind, beantworten zu können. Gefolgt von Thukydides der sehr umfangreich und genau nicht nur die Expeditionsbemühungen der Athener auf Sizilien schildert, sondern auch über die einheimischen Völker und die dort vorhandenen Herrschaftsbemühungen der unterschiedlichen griechischen Poleis und der Punier berichtet. Abschließend wird Herodot als griechische Quellen herangezogen, um weitere Informationen, wie den Umsiedlungen von einer griechischen Stadt vom Festland in die Magna Graecia, oder Ereignisse, die auf Sizilien vorgefallen sind. Jedoch sei anzumerken, dass Herodot von allen drei behandelten Autoren mit Sicherheit am wenigsten Aufschluss und Auskunft über das Leben und das Bild der Magna Graecia gibt.

7.1. Die Oden Pindars

Der Anlässe für die Oden, welche von Pindar gedichtet wurden, waren Siege bei einem der vier großen griechischen Wettkämpfe. Demnach hat er beispielsweise für Hieron aus Syrakus die Erste Ode verfasst, die zweite ebenfalls für einen Kolonisten, nämlich Theron aus Akragas, usw.

Einen interessanten Aspekt liefern neben diesen Oden, auf die noch genauer in diesem Kapitel eingegangen wird, auch die Siegeslisten der Spiele, auf die in einem kurzen Exkurs eingegangen werden soll, da die berechtigte Frage aufgekommen ist, ob diejenigen, die in den Kolonien lebten, mehr Zeit und ein unbeschwerlicheres Leben führten als die Griechen am Festland und deswegen mehr Zeit hatten zu trainieren. Diese These scheint auf den ersten Blick merkwürdig zu sein, jedoch sollte nicht vergessen werden, dass besonders am Festland innenpolitisch und außenpolitisch viele Auseinandersetzungen die Männer zu ihrem Kriegsdienst zwangen.

Daher werden die Siegeslisten der 76.–79. Olympischen Spiele des Jahres 476 bis 464 v. Chr. herangezogen, mit denen im Rahmen dieser Untersuchung stichprobenartig herausgefunden werden soll, ob mehr Sieger in diesem Zeitraum vom griechischen Festland oder von den Kolonien der Magna Graecia stammten. Damit sollen zwei Aspekte und Fragen in diesem Kontext beleuchtet werden. Einerseits, war der Lebensstil in den Poleis des Mittelmeerraums von weniger Sorgen und Missständen geprägt und lässt sich somit auf die Erfolge bei einem der vier großen Wettkämpfe übertragen, andererseits, wurde möglicherweise, falls Erfolge durchaus vermehrt bei Männern aus den Kolonien auftraten, ein Bild von den mutterländischen Griechen dadurch entwickelt, positives oder negatives?

Der Grund, wieso die 76.–79. Olympischen Spiele gewählt wurden, hat mit der größten außenpolitischen Konfrontation zu tun, nämlich dem Perserfeldzug, doch mehr dazu nach Betrachtung der Sieger dieser drei Wettkämpfen.

Doch zuvor muss noch erklärt werden, dass es nicht nur die für uns heutzutage bekannten Olympischen Spiele gegeben hat, sondern ein allgemeiner Begriff die vier wichtigsten Wettkämpfe zusammenfasst, nämlich die Panhellenischen Agone. Es gab noch Hunderte andere Wett-kämpfe, doch diese vier waren die mit dem höchsten Ansehen und Prestige. Diese Spiele waren nicht nur sportliche Feste, sondern hatten allen einen kultischen Hintergrund.

Beginnen wir mit den Olympien in Olympia, die die berühmtesten sind und alle vier Jahre dem Gottvater Zeus zu Ehren abgehalten wurden. Man nennt die Spiele Olympien, jedoch den Zeit-raum, in denen sie abgehalten werden, Olympiade. Die Periode danach ist nach dem Sieger des Sprintbewerbs (Stadionlaufs) benannt worden.

Zwei weitere Spiele waren die Pythien in Delphi zu Ehren des Apollon und die Isthmien in Korinth zu Ehren des Poseidon. Der vierte zu den Panhellenische Agonen zugehörige Wett-kampf waren die Nemeen in Nemea zu Ehren des Zeus.

Nicht immer wurden dreizehn Disziplinen durchgeführt, da die Anzahl je nach Periode unter-schiedlich war. Im Fall des betrachteten Zeitraums waren es jedoch dreizehn. Außerdem sollte erwähnt werden, dass die Relation zwischen Siegern, Disziplinen und Teilnehmern schwierig beziehungsweise gar nicht zu evaluieren ist, da die Anzahl der teilnehmenden Griechen nicht bekannt ist. Im Jahre 476 v. Chr. kamen sechs Sieger aus den Kolonien und sieben aus dem griechischen Festland (inkl. der Inseln Thasos und Ägina). 472 v. Chr. kamen ebenfalls nur sechs Sieger aus den Kolonien, die restlichen aus dem heutigen Griechenland. Vier Jahre später wieder dasselbe Resultat, gefolgt von 464 v. Chr. als lediglich drei Männer aus einer Kolonie siegreich bei den Olympischen Spielen waren. Was kann daraus geschlossen werden?

Die Kolonisten waren demnach nicht erfolgreicher, ein Vorteil kann unter anderem nicht auf-grund der Möglichkeiten in den Poleis des Mittelmeerraums geschlossen werden, dennoch muss noch einmal darauf hingewiesen werden, dass eine Relation zu der unbekannten Zahl der Teilnehmer berücksichtigt werden muss, da wir nicht wissen, wie viele vom Festland/der Magna Graecia teilnahmen.

Es sollte auch nicht das Bild des Paradieses in den Kolonien auftreten und dargestellt werden, jedoch spielte dieses in Bezug auf den Titel dieser Studie ein sehr wesentliche Rolle, da ausschließlich jene in die griechische Heimat zurückkehren konnten, die freie Männer aus griechischer Familie waren, genug Zeit hatten um für die Wettkämpfe zu trainieren, was ausschließlich der Oberschicht und dem Adel möglich war. Dies führte durchaus dazu, dass ein verfälschter Eindruck von den Menschen in den Kolonien erweckt wurde.

Nun zu den Oden Pindars und dessen Rolle hinsichtlich der Stellung und Ansicht, die dem heutigen Betrachter von den Siegern, die aus den Kolonien kamen, gegeben wird.

Vorgeschichte mancher Oden sind die 490 v. Chr. in Delphi geknüpfte Beziehungen Pindars zu einem der regierenden Fürstenhäuser Siziliens. Daraufhin erhielt er eine Einladung auf die Insel in der Magna Graecia und war Gast bei den Herrschern von Syrakus und Akragas.

Er wurde bezahlt, um die Renn- und Wagensiege der Tyrannen (Hieron von Syrakus und Theron aus Akragas) in Siegesliedern zu verfassen.

Doch die Reisen nach Sizilien und Unteritalien hatte nicht nur die beiden Oden an die Sieger zur Folge, sondern beeinflusste auch den Stil Pindars bei der Abfassung, da unter anderem das Kennenlernen der orphisch-pythagoreischen Sekte, aber auch die die Komödie Epicharms sein Leben und die Gedichte veränderte.

Dennoch muss im Zuge der Kontakte zwischen Pindar und der Magna Graecia, speziell zu den beiden sizilianischen Fürstenhäusern, erwähnt werden, dass es durchaus eine Rivalität, sei es aus sportlichen, sozialen oder politischen Gründen, zwischen den Kolonien im heutigen Italien und den Griechen am Festland gegeben hat. Verdeutlicht wird diese Annahme durch die Reaktion etlicher Herrscher auf Lieder, die Pindar, zur Entkräftigung mancher Vorwürfe, beispielsweise zu Ehren von Theben oder Herakles, gedichtet hat. Ihm wurde unterstellt, dass er seine Heimat verleugne und dies wurde ihm hauptsächlich wegen seiner Beziehungen zu den sizilischen Tyrannen nachgesagt.

In diesem Zusammenhang kann auch von einem weiteren sehr wichtigen Geschichtsschreiber berichtet werden, der in der Magna Graecia einen Teil seines Lebens verbrachte und sogar einerseits bei der Vertreibung eines Tyrannen und andererseits bei der Errichtung einer Kolonie in Sizilien mitwirkte, nämlich Herodot. *„Wir wissen weiter, daß er nach Athen gegangen ist, wo er sehr großen Erfolg hatte, und als man von hier aus die große Besiedelung von Thurioi unternahm im Jahr 444, hat er sich daran beteiligt und muß zuletzt dort gelebt haben und wohl auch gestorben sein."*[147]

Die erste Ode Pindars handelt von Hieron von Syrakus, der im Jahre 470 v.Chr. bei den Olympischen Spielen in Delphi das Wagenrennen gewonnen hat. Fünf Jahre zuvor hat Hieron Katania erobert, an dieser Stelle die Stadt Aitna gegründet und die einstigen Einwohner nach Leontinoi umgesiedelt. Sein Sohn wird auch in Pindars Oden erwähnt, jedoch wird der Eindruck erweckt, dass dieser nur aufgrund seines Vaters und dessen Erfolge aufgezählt und gefeiert wird.

Einen ersten Anhaltspunkt bezüglich des Stellenwertes des Rückkehrers findet man in Verknüpfungen zwischen den Textzeilen 29-40, in denen beschrieben wird, dass *"der Dichter [...] ihn [Anm. Deinomenes] aus der Perspektive des Vaters [sieht] und scheint ihn nur deshalb in das Gedicht einzubeziehen, weil er nach Hierons Willen der König von Aitna sein soll, dessen Gründung, mehr noch als Hierons pythischer Sieg Anlaß für Pindars Lied gewesen ist [...]."*[148]

Zwei Dinge seien hier vorweggenommen: Einerseits spielt der Sohn des Siegers, der zukünftiger König sein soll, keine bedeutende Rolle in Pindars Werk, was auch darauf zurück zuführen ist, dass dieser lediglich dem Begründer der auf Sizilien gelegenen Kolonie Ehre zollen möchte. Zweiter auffallender Punkt ist, dass zwar der Sieg Hierons im Wagenrennen wichtig ist, jedoch sehr die Gründung der Polis und die damit ruhmreichen Taten des einstigen Kolonisten hervorgehoben werden, wie auch Pindar berichtet, dass dessen Gründung noch mehr Anlass sei, diese Siegesoden zu seinen Ehren zu schreiben.

---

[147] Schadewaldt 1981, 144
[148] Köhnken 1970, 3

Bereits in den ersten Passagen der Ode wird Hieron sehr umfangreich beschrieben, beispielsweise sticht das Gold und Elfenbein an seinem Körper hervor und *„es leuchtet ihm Ruhm in des Lyders Pelops Siedlung voll tüchtiger Männer."*[149]

Des Weiteren schreibt Pindar: *"Sei allen Neidern zum Trotz durch rühmliche Taten und gerechte Staatsführungen auf deinen Ruhm bedacht" (84-92) "und erhalte ihn dir über den jedem Menschen bestimmten Tod hinaus durch großzügige Gastlichkeit, die Dichtern und Sängern Gelegenheit gibt, dich zu feiern und durch ihre Lieder unsterblich zu machen (92-100)."*[150]

Bezüglich der Rückkehr auf das griechische Festland könnte das „allen Neidern" als ein Aspekt herangezogen werden, dass nicht alle erfreut waren, wenn einer aus einer Kolonie kommt, um bei den Spielen teilzunehmen, jedoch ist hier eher gemeint, dass nicht immer alle Menschen einem anderen Ruhm, Popularität und Beliebtheit gönnen. Dennoch soll Hieron nicht davor zurückschrecken, gute Taten zu vollbringen und das Volk weiterhin so gerecht regieren wie er es bereits getan hatte.

Hieron wurde als (erfolg)reicher Kolonist in vielerlei Hinsicht wahrgenommen und als Held, der Eroberungen im Sinne von Griechen durchgeführt hat, gefeiert, andererseits gab es genug Rivalen und Missgönner, die sich auch aufgrund der damaligen schwierigen Lage und Zeit der griechischen Poleis auf dem Festland und im Ägäischen Meer nicht mit jemandem, der fernab im Mittelmeer lebte, identifizieren wollten. Ein ausschlaggebender Punkt kann durchaus der 480 v. Chr. gestartete Perserfeldzug genannt werden, welcher über ein Jahr andauerte und eine gesamte griechische Generation beeinträchtigte. Dazu kamen die ansteigenden Konflikte zwischen Athen, Sparta und anderen Poleis am griechischen Festland, welche auch aufgrund der Vormachtstellung und des Stadtmauerbaus der Athener durchaus verstärkt wurden.

Vermutlich wegen dieser Missstände und Konflikte wurde ein Heimkehrer nicht immer mit diesem Ansehen und Respekt willkommen geheißen, wie es sein könnte. Möglicherweise hatten

---

[149] Bremer 1992, 9
[150] Köhnken 1970, 7

viele der Griechen ein verfälschtes Bild von den Rückkehrern. Es konnte sein, dass dieser Mann ein friedliches und erfülltes Leben mit Reichtum und ohne Krieg lebte, und zudem noch ausreichend Zeit hatte, um erfolgreich bei den Spielen anzutreten. Vielleicht waren es diese und andere Gründe, wieso nicht alle den Siegern aus den Kolonien den Triumph bei den Spielen gönnten. In diesem Kontext beschreibt der britische Archäologe John Boardman in einem seiner Bücher, dass *„die griechischen Städte im Westen [wohlhabend waren] – neureich; ihre Tempel waren immer ein klein wenig größer als die der Mutterstädte, ihre Kunst immer ein klein wenig schmuckreicher."*[151] Möglicherweise waren Erfolg und Reichtum ausschlaggebende Aspekte für den Neid, die Griechen am Festland entwickelten.

In einem kurzen Exkurs sollen jedoch drei unterschiedliche Perspektiven im Zusammenhang auf die für die Wettkämpfe zurückgekehrten Kolonisten betrachtet werden.

Einerseits die sportliche, wo nur die Leistung zählte, und somit Respekt und Ansehen den erfolgreich zurückgekehrten Kolonisten gezollt wurde, andererseits der soziale Stellenwert und die somit einfließenden ruhmhaften Errungenschaften in der Magna Graecia. Ein Heimkehrer, der Gebiete im Namen der Griechen erobern und besiedeln konnte, wurde immer als ein Held gefeiert, wie es bei Pindars Oden gut zu erkennen ist. Somit war sein soziales Ansehen sehr hoch bei denjenigen, die am griechischen Festland lebten.

Zurück zu Pindars Oden, bei denen nur sehr wenig auf den Sieg im Wagenrennen Hierons eingegangen wird. Wie bereits erwähnt, rühmt er vielmehr neben den bereits genannten "Leistungen" auf Sizilien auch die Siege über die Etrusker bei Kyme und über die Karthager am Himeras. Bereits einige Passagen zuvor bittet der Dichter Zeus, dass er dem Herrscher von Aitna Kraft und Weisheit verleihe, um über die Bürger gewissenhaft und gerecht zu herrschen. Außerdem werde Zeus *"auch in Zukunft dafür Sorge tragen, daß die Hierons Reich bedrohenden äußeren Feinde Ruhe bewahren."*[152]

---

[151] Boardman 1964, 191
[152] Köhnken 1970, 5

Im Zuge der Ode wird das Bild des Kolonisten, ruhmreichen Eroberers und Sieger des Wagenrennens immer klarer und für den Betrachter sehr prägnant geschildert, was für ein Ansehen dieser Mann auch bei den Griechen des Festlandes hatte. *"Wie Hierons pythischer Sieg erwarten läßt, daß die Stadt Aitna, in deren Namen er erfochten wurde, auch in Zukunft durch Siegeskränze und -feste berühmt sein werde [...], so machen Hierons große militärische Erfolge in der Vergangenheit es wahrscheinlich, daß es ihm mit der Hilfe des Zeus auch in Zukunft gelingen werde, alle äußeren Feinde abzuschrecken oder abzuwehren [...]. Hierons sportlicher Erfolg und seine kriegerischen Leistungen werden als in ähnlich aufgebauten Verspartien gefeiert und mit der von ihm gegründeten Stadt Aitna in Zusammenhang gebracht.*"[153]

Im letzten Abschnitt schildert Pindar, dass Hieron einer der wenigen ist, der sich aufgrund von sportlichen und kriegerischen Taten zu einem Mann machte, der den höchsten Siegeskranz in seinen Händen halten darf, da der Erfolg der erste Kampfpreis ist, der zweite einen guten Namen zu haben.[154]

Im Zuge dieser pythischen Ode ist gut zu erkennen, dass das Ansehen des sizilischen Fürsten durchaus hoch ist, jedoch lässt sich dieses nicht klar auf die Menschen der damaligen Zeit übertragen, denn eine Ode ist in einem besonders feierlichen Stil zu Ehren eines anderen, meist unter Bezahlung, verfasst. Zwar wird das Bild nicht verfälscht, jedoch liefert das von Pindar verfasste Werk in Bezug zur Beantwortung der Forschungsfrage keine genauen Angaben.

Die zweite olympische Ode beschreibt den Sieg Therons aus Akragas beim Wagenrennen. Auch bei ihm werden die Taten abseits des griechischen Festlandes verehrt, denn „*gerecht in der Achtung vor Fremden, Stütze von Akragas und gutnamiger Väter stadtaufrichtende Zier! Mühend sich vielfach mit Mut, gewannen sie heilige Wohnung am Fluß und war Siziliens Auge, und Lebenszeit folgte schicksalsbestimmt und brachte Reichtum und den Reiz des Schönen zu*

---

[153] Köhnken 1970, 6
[154] Ebd. 11

echten Tüchtigkeiten."[155] Pindar weist hier vermutlich auf die Eroberung Himeras 483 v. Chr. hin, genauso wie die Teilnahme Therons bei den Karthagerkämpfen, in denen er mit seinem Schwiegersohn Gelon von Syrakus 480 v. Chr. siegreich und mit viel Reichtum in die Heimat Akragas heimkehrte. Folglich wurde die Stadt, auch aufgrund der „Investitionen" des Tyrannen, zu einer wichtigen im Handel florierenden Polis. Genauso wie bei den Oden zur Ehre Hierons, wo die Neider erwähnt werden, gibt es auch zum Abschluss mahnende Worte, denn *„gegen Lob tritt Überdruss auf, nicht mit Recht begegnend, sondern von wahnwitzigen Männern aus – das Schwatzen, das ins Verborgene stellen will die schönen Werke der Edlen."*[156] Aufgrund dieser beiden Oden kann durchaus gedeutet werden, dass die heimkehrenden Kolonisten mit gemischten Sichtweisen empfangen und aufgenommen wurden. Einerseits waren die Griechen des Festlandes auf die Eroberungen, Expansionen und die Taten, die in der Magna Graecia geleistet wurden, stolz und empfanden diese als Sieg für die Griechen, andererseits gab es Menschen, die den Reichtum und das Ansehen den Kolonisten, die bei den Wettkämpfen teilnahmen, nicht billigten und wünschten. Wieso dies so war, wird im Lauf dieser Arbeit weiterhin untersucht, um mögliche Erklärungsversuche zu finden.

Einen weiteren Einblick zur Sichtweise der Festlandgriechen in Bezug auf die rückehrenden Kolonisten liefern uns ebenfalls zwei Oden Pindars, nämlich die fünfte, die zur Ehre des Psaumis aus Kamarina verfasst, und die sechste olympische Ode, die aufgrund des Sieges mit den Maultieren durch Agelias von Syrakus komponiert wurde. So wie in vielen anderen Oden, richtet sich Pindar zuerst an eine Nymphe, die in einer der Quellen, Flüsse oder Seen befindet, um ihr von den ruhmreichen Taten des Psaumis zu schildern. Für das Thema dieser Studie lässt sich auch hier wieder der Aspekt erkennen, nämlich die Ehre, die dieser Kolonist seinem Vaterland beschert, als er den Sieg in Sizilien über Barbaren errungen und folglich die Stadt Kamarina bzw. Kamarica aufgebaut und verschönert hat.

---

[155] Bremer 1992, 16
[156] Ebd. 25

Auch bei Agelias von Syrakus wird dem Leser die Verbindung zwischen griechischem Festland und Kolonie in geringem Maße dargelegt, indem beschrieben wird, dass zwei Anker diesen Sieger stützen, einerseits Syrakus, wo er ein *"bloßer Privatmann"*[157], andererseits Theben, woher seine Vorfahren abstammten, und Olympia, wo er ein angesehener Priester des Zeustempels war. Pindar geht folglich gar nicht auf den Sieg ein, sondern beschreibt vielmehr, dass Agelias *„Mitbegründer des ruhmvollen Syrakus"*[158] und ein tüchtiger Geschäftsmann sei und am Festland bei der Rückkehr *„auf neidlose Bürger trifft."*[159]

Neben anderen möglichen Beispielen liefert uns auch der elfte olympische Siegesgesang auf Agesidamos aus Lokroi einen kleinen Einblick auf die Schilderung, wie Kolonisten dargestellt wurden. Gemeint ist der Vergleich zwischen den westlichen Lokrern in der Magna Graecia und den Lokrern in Griechenland. Beschrieben wird, dass die Kolonisten die Menschlich- und Tapferkeit in ihrer neuen Heimat beibehalten haben, genauso wie die Liebe für die Kunst und die vorhandene Weisheit.

7.2. Thukydides und seine Berichte über die Magna Graecia

Thukydides war ein bedeutender griechischer Historiker, schrieb acht Bücher, die genaue Informationen und Datierungen unter anderem über den Peloponnesischen Krieg liefern, da er zu dieser Zeit lebte. Er stammte aus einer Adelsfamilie, befasste sich beispielsweise mit Themen wie Religion, Medizin und Geschichte und *„ war nachweislich 424 [v. Chr] in der Nord-Ägäis [als strategos] tätig."*[160]

Aufgrund eines unerwarteten und überraschenden Angriffs der Spartaner auf Amphipolis, wo Thukydides als strategos eingesetzt war, und der Verlust von wichtigem Holz, welches zum Schiffsbau verwendet wurde, zur Folge hatte, wurde er verbannt. Somit begab er sich auf Reisen

---

[157] Bremer 1992, 41
[158] Ebd.
[159] Ebd.
[160] Cancik/ Schneider 2002, 507

und sammelte unterschiedliche Informationen, die er in seinem Buch einfließen ließ, wie Waffenstillstände, der Besuch auf Sizilien, die Erwähnung der Olympischen Spiele des Jahres 420 v. Chr., Kulte und andere Wettkämpfe und vieles mehr. Mit seinem Werk wollte Thukydides vielmehr ein *„Besitztum für alle Zeiten [schaffen], nicht als ein Redeprunkstück für den Augenblick."*[161]

Sein Hauptwerk befasst sich mit dem Peloponnesischen Krieg zwischen Athen und Sparta samt deren Verbündeten, jedoch ist für diese Arbeit die Kolonisation der Griechen in der Magna Graecia von Bedeutung, auf die Thukydides stellenweise eingeht und somit einen weiteren Baustein für die Beantwortung der Sichtweise der mutterländischen Griechen von den Kolonisten in Süditalien und Sizilien liefert.

Den ersten groben Anhaltspunkt für die Aussiedlungen der Griechen findet man bereits in *Thuk. I 1,2* wo beschrieben wird, dass die Griechen nicht ein beständiges Heim gehabt haben, sondern aufgrund von Veränderungen und Verdrängungen *„ihre Länder verlassen mussten, und von anderen verdrängt wurden, deren immer ein Stärkerer über den anderen kam."*[162]

Dies kann selbstverständlich auf die Zeit der Wanderungen im heutigen griechischen Gebiet gedeutet werden, jedoch wurden Kolonien auch aufgrund von Kriegen und bedrohlicher Nachbarn in gewisser Distanz anderswo gegründet, beispielsweise flohen Phokaier vor den Persern, um folglich in Elea ihre neue Heimat zu begründen. In den ersten Teilen beschreibt Thukydides die unsichere Lage in Griechenland, dass es für die einfachen Einwohner keine, beziehungsweise nur wenige Rechte gab und praktisch das Recht des Stärkeren über viele Jahrhunderte herrschte.

Die ersten Hinweise für die Kolonisierung in der Magna Graecia findet man in Thuk. I, 12, da beschrieben wird, dass vor dem Trojanischen Krieg die meisten griechischen Gemeinschaften gegeneinander Kriege führten um Land zu gewinne, doch nun, aufgrund des mächtigen Feindes,

---

[161] Heilmann 1938, 9
[162] Thuk.a. I, 2

eine Verbündung aller Poleis notwendig war. Folglich, als der Krieg vorbei war, „*gelangte doch Griechenland mit vieler Mühe und nach langen Jahren zu demjenigen dauerhaften Ruhestand, der diesen Wanderungen ein Ende machte, und sie in den Stand setzte, Pflanzvölker auszuschicken, indem die Athener Ionien und die meisten Insel besetzten, die Peloponnesier aber den größten Theil (sic!) von Italien und Sicilien, und verschiedene Gegenden in Griechenland*"[163] besiedelten. Mit den Pflanzvölkern sind offensichtlich die Kolonien der Mutterstädte gemeint. Die tatsächlichen Gründe der Aussiedlungen, wie Landmangel und fehlenden Ressourcen, erwähnt Thukydides in diesem Teil nicht, sondern erst etwas später, aber dann auch nicht explizit die Großen Kolonisierungswelle betreffend, nämlich im Zusammenhang mit dem beendeten Perserkrieg, da die Länder brach lagen, es nicht genug Nahrung gab, Land verwüstet war und sich Krankheiten auch aufgrund der Unterernährung rasch ausbreiteten. Jedoch ist die Betonung in diesem Teil auf den endlich eingetroffenen Frieden untereinander, wobei dieser nicht sehr lange hielt.

Notwendig für die Kolonisierung in der Magna Graecia war der Schiffsbau, nebenbei schildert Thukydides, dass die Korinther die ersten gewesen sein sollen, die sich besonders mit diesem Thema auseinandergesetzt haben und sogar die Erfinder des Dreiruderers sein sollen.[164] Eine weitere Entwicklung der griechischen Geschichte kann auch mit Hilfe von Thukydides zumindest in eine gewisse Richtung gedeutet werden, denn als die Tyrannen am griechischen Festland, die sich durch ihren Reichtum an der Macht über einen langen Zeitraum halten konnten, aufgrund von Auflehnungen und Umstürzen ihrem Ende entgegensahen, fand dies in der Magna Graecia, besonders auf Sizilien, wenn überhaupt erst etliche Jahrzehnte und Jahrhunderte später statt, womit möglicherweise auch die Macht, die nun weiterhin innerhalb einer Familie und nicht in der Form von verschiedenen Personen lag, erklärt werden kann. Denn somit konnte ein

---

[163] Thuk.a. I, 12
[164] Vgl. Thuk.a. I

Fürst/König, beispielsweise jener von Syrakus, weiterhin als Einzelperson Eroberungen durchführen, ohne Abstimmungen, die auch negativ ausfallen konnten, abzuwarten, wie es dann folglich in den griechischen Poleis üblich war.

Erst im dritten Buch erwähnt Thukydides einen Teil der Magna Graecia wieder, nämlich die Insel Sizilien, da dort, genauso wie am griechischen Festland, immer wieder Kriege und Auseinandersetzungen zwischen den unterschiedlichen ehemaligen Kolonien und jetzigen Poleis stattfanden, die hauptsächlich aus zwei Gründen geführt wurden, nämlich Land und Vormachtstellung des Handels.

Er berichtet, dass 427 v. Chr. zwanzig athenische Schiffe unter der Führung des Melanopos nach Sizilien geschickt wurden, da *„die Syrakosier (sic!) und Leontiner in einen Krieg verwickelt [waren], worin den Syrakosier die Dorischen Städte, ausgenommen Kamarina, beistanden, welche gleich im Anfange des Krieges dem lakedämonischen Bunde beigetreten waren, ob sie gleich dem Kriege nicht wirklich beiwohnten; wogegen die chalkidischen Städte und Kamarina auf der Leontiner Seite waren. In Italien hatten sich die Lokrer zu den Syrakosiern, und die Rheginer dem Verwandschaftsrecht zufolge zu den Leontinern geschlagen.“*[165] An dieser Stelle ist anzumerken, dass zwar ein Konflikt abseits des griechischen Festlandes aufgetreten ist und die dortigen Poleis eigentlich nicht betrifft, jedoch aus unterschiedlichen Gründen dennoch Truppen und Schiffe entsandt worden sind. Wie bereits in den Jahrzehnten und Jahrhunderten zuvor zu erkennen ist, waren die Griechen sehr kriegerisch und mieden kaum Konflikte, andererseits war eines der bedeutendsten ungeschriebenen Gesetze jenes, welches die Metropolis dazu verpflichtete, ihre Tochterstadt im Fall eines Krieges militärisch zu unterstützen. Jedoch hatte Athen keine Kolonie auf Sizilien; wieso entsandten sie Truppen um dort Krieg zu führen?

---

[165] Vgl. Thuk.a. III, 86

Athen hat bereit zu Lebzeiten des Perikles versucht, Verbündete in Sizilien zu finden, um ihre Macht und Interessen dort zu erweitern. Einige Versuchen schlugen fehl, so wie im Archidamischen Krieg, als ein Kriegszug gegen Sizilien von den Radikalen in Athen gefordert wurde, jedoch aufgrund der Friedensschließung nicht stattgefunden hat.

Sykrakus wurde einst von Korinth gegründet und entwickelte sich im Konkurrenzkampf zu Leontioi, einer Pflanzstadt von Naxos, die von den Euböern 730 v. Chr. gegründet wurde, fünf Jahre nach Syrakus, zur mächtigsten Polis auf Sizilien. Diese kann demnach in zwei Bereiche geteilt werden, einerseits in den Osten, wo Syrakus die Vorherrschaft hatte, andererseits in den Westen, wo die einstige megarische Kolonie und Polis Selinus ihr Gebiet gegen die Elymer von Segesta, die alten Bundesgenossen Athens waren, ausdehnen wollten. Selinus fand Unterstützung bei Syrakus und brachte die Elymer in Bedrängnis, die wiederum weder Hilfe bei Agrigent noch bei Karthago fanden und sich an Athen wandten. Die *„ leontinischen Bundesgenossen nun hatten nach Athen geschickt und die Athener durch Vorstellung ihres alten Bündnisses und ionischen Herkommens vermocht, ihnen eine Flotte zukommen zu lassen, indem sie bisher so wenig das Feld als die See gegen sie Syrakoser behaupten konnten. Die Athener taten solches, und zwar dem Vorgehen nach in Betrachtung der alten Bekanntschaft, in der That aber, die Zufuhr von Getreide aus den dortigen Gegenden nach der Peloponnes zu hindern, und dann auch um vorläufig zu versuchen, ob es angehen würde, Eroberungen für sich in Sicilien zu machen. "*[166]

Wie zu erkennen ist, war einer der Hauptgründe Getreide, noch wichtiger für die Athener war die mögliche Besitznahme von Gebieten und Poleis. Der wohl bedeutsamste Aspekt war jedoch die ideale Gelegenheit den eigenen Einfluss auf der Insel herzustellen, denn, so das Argument der um Hilfe suchenden Bundesgenossen, wenn Athen dieses Mal tatenlos zuschauen würde, dann könnte die gesamte Insel in die Hand der Feinde fallen.

---

[166] Vgl. Thuk.a. III, 86

Dies hätte zur Folge, dass der alte Plan eines Bündnisses zwischen den Peloponnesiern und Sizilien zur Überwindung Athens einfacher zu realisieren wäre. Gemeinsam mit den Segestanern baten die geflohenen Leontiner die Athener um Gerechtigkeit und Wiederherstellung ihrer Heimat. Der Großteil der Bevölkerung beziehungsweise die Volksversammlung Athens war der Intervention auf Sizilien nicht abgeneigt und stimmte der Hilfe zu. Viele sahen hier eine Möglichkeit, die Macht und Kraft der eigenen Polis, welche in den letzten Jahrzehnten von etlichen erfolglosen Kämpfen, einigen Niederlagen und der Pest gezehrt worden war, durch dieses Unternehmen wiederherzustellen und zu stärken. Die Ausgangslage war aus Sicht der Athener aussichtsreich, da die sizilischen Städte, die teilweise auch Pflanzstädte gegründet haben, oft in konkurrierender Position zueinander waren, keine feste Wurzel hatten und, trotz ihrer Volkszahl, die in den letzten Jahrzehnten stark zugenommen hat, und dem ertragreichen und fruchtbaren Boden den Athenern, die bereits viele Kampferfahrungen gesammelt haben, nicht gewachsen wären.

Ein weiterer Grund für die Expedition waren die Verhältnisse am griechischen Festland, da Athen erwartet hat, dass ihr Erzfeind Sparta für Sizilien nicht in einen Krieg ziehen würde, und falls doch, eine neue Verwüstung Attikas zur Folge hätte, was die Athener in dieser Zeit und Situation, in der sie sich befunden haben, in Kauf genommen hätten. Primär sollte nun ein ausgedehntes und ertragreiches Gebiet und Reich im Westen erobert werden, um die eigene Macht nicht nur zu festigen, sondern auch zu stärken. Weitere Ziele wären dann folglich die Ausdehnung auf Unteritalien und folglich ein Krieg gegen Karthago, um die stärkste und reichste Handelsmacht zu besiegen, um wiederum unangefochtener Herrscher über Griechenland und das Mittelmeer zu werden.

Mit diesen ehrgeizigen Plänen im Hinterkopf landeten die Athener in Rhegion und beginnen den Krieg mit den Bundesgenossen zu planen. Interessant ist hier die Erwähnung Thukydides', dass nun der Sommer sich dem Ende neigt, da sonst die Jahreszeiten keine Bemerkung erhalten. In diesem Winter unternahmen die Athener ein paar erfolglose Plünderungen, die nicht weiter von Interesse sind. Zudem wütete die Pest beim athenischen Heer, wodurch die Streitkraft erheblich geschwächt wurde. Zu Gunsten der Athener berichtet Thukydides, dass im darauffolgenden Sommer *„die Peloponnesier und ihre Bundesgenossen zwar bis an den Isthmos, in der Absicht [...] in Attika einzudringen"*[167] versuchten, womit Athen vermutlich ein großes Desaster erwartet hätte, da sich eine große Anzahl des Heeres zu dieser Zeit weiterhin auf Sizilien befand, jedoch mehrere Erdbeben, die auch Landteile überfluteten und zahlreiche Tote erforderte, die Expedition der Feinde beendete.

Thukydides berichtet, dass die Athener auf Sizilien mehrere Poleis und Völker eroberten und diese Zwangen an ihrer Seite gegen *„Messana zu fechten"*[168] und eroberten auch diese. Athen stoppte vorest ihre Eroberungen auf Sizilien, da sie auch Kriegspläne am griechischen Festland hatten, um in der Peloponnes Gebiete zu erobern. Weitere Kriege waren die Folge, Athen kehrte 415 v. Chr. nach Sizilien zurück, einerseits weil eroberte Gebiete wieder verloren gingen, andererseits weil die sizilischen Bundesgenossen mehr Unterstützung und Schiffe forderten.

Thukydides schildert am Ende des dritten Buchs den Ausbruch des Ätnas welcher *„der größte Berg in Sicilien ist [...] und überhaupt soll es dreimal dazu gekommen sein, seitdem die Griechen sich in Sicilien niedergelassen haben."*[169]

Zu Beginn des vierten Buchs berichtet der Autor, dass *„im folgenden Sommer um die Zeit, da daß Getreide die ersten Aehren ansetzt, gingen die Syrakosier mit einem Geschwader von zehn Schiffen und einer gleichen Anzahl lokrischer Schiffe nach Messana, wohin sie die Einwohner selbst eingeladen hatten, und besetzten dasselbe, so daß Messana von den Athenern abfiel. Dieses hatten theils und vornehmlich die Syrakosier so eingefädelt, weil sie sahen, daß der Ort sehr bequem liege, Sicilien von da aus anzufallen, und weil ihnen vor den Athernern bange war,*

---

[167] Thuk.a. III, 89
[168] Ebd. 90
[169] Ebd. 116

sie möchten es einmal zu ihrem Standort machen und ihnen von da aus mit größerer Zurüstungen zu Leibe gehen; theils waren die Lokrer aus Feindschaft gegen die Rheginer dazu behilflich gewesen, welche sie gern von beiden Seiten mit Nachdruck bekriegen wollten. "[170]

Somit und mit anderen Beispielen stellt Thukydides die Spannungen zwischen den Poleis auf der sizilischen Insel dar und gibt einen Überblick von den kriegerischen Auseinandersetzungen, die ganz nach Vorbild des griechischem Festland, fast an der Tagesordnung standen. Teilweise können die Kriege aber auch auf die Ankunft der Athener auf Sizilien gedeutet werden, da sich die unterschiedlichen „Parteien" einen Vorteil gegenüber den anderen erkämpfen wollten.

Des Weiteren schreibt der griechische Historiker, dass die Peloponnesier und ihre Bundesgenossen wiederholt einen Angriff auf Attika durchführten, das Gebiet verwüsteten und etliche weitere Kämpfe am griechischen Festland und Inseln stattfanden. Interessant, betreffend Sizilien, wird es im vierten Buch ab Kapitel 58., denn Thukydides berichtet von einem Waffenstillstand sizilischer Poleis, wobei die Kamariäer und Geloer den Anfang machten, und *„später auch die übrigen Sicilianer zu Gela [415 v. Chr.] zusammentraten, wo von den sämmtlichen Städten Gesandte eintrafen und mit einander in Unterhaltung traten, um wo möglich einen Frieden zu schließen.* "[171]

Es werden unterschiedliche Sichtweisen dargestellt und Reden gehalten, unter anderem spricht der syrakusische Staatsmann Hermokrates, der die sizilianischen Griechen aufforderte, ihre Streitigkeiten beizulegen, um die Unabhängigkeit Siziliens von äußeren Mächten zu beschützen.

Des Weiteren meinte er, dass eine sizilianische Koalition gegenüber Athen von Notwendigkeit sei. Unter anderem meint Hermokrates sehr kritisch und bedacht: *„Ja, glaubt es nur sicher, die Athener geben uns weit triftigere Gründe zu einem Vergleich, als alle meine Reden würden thun können. Sie, die mächtigsten unter allen griechischen Staaten, sind in der That jetzt nur mit*

---

[170] Thuk.a. IV, 1
[171] Thuk.a. IV, 58

einer kleinen Anzahl Schiffe bei der Hand und lauern auf unsere Versehen, und unter dem an-

ständigen Namen der Bundestreue suchen sie ihren in der That feindseligen Absichten das

scheinbare Anseheneiner vorteilhaften Verbindung zu geben. Allein während wir uns einander

in den Haaren liegen, Leute dazu einladen, die schon ungerufen mit den Waffen in den Händen

erscheinen, folglich mit unserem eigenen Selbe uns selbst Schaden und zugleich jenen die Herr-

schaft anbahnen, werden sie aller Wahrscheinlichkeit nach, sobald sie sehen, daß wir uns unter

einander entkräftet haben, schon mit einer stärkeren Flotte kommen und ganz Sicilien sich un-

terwürfig zu machen suchen. "[172]

Der Inhalt dieser Rede kann sogar mit zwei ähnlichen Ereignissen verglichen werden. Einerseits mit dem Trojanischen Krieg, als sich die verfeindeten griechischen Städte verbündeten, anderseits der Krieg gegen die Perser, da aufgrund dieser externen Gefahr ebenfalls Verbindungen stattfanden, um die Eindringlinge besiegen zu können.

Folge dieser Rede und der gesamten Verhandlung war, dass *„die Sizilianer unter einander schlüssig wurden, dem Krieg ein Ende zu machen, indem ein jeder behielte, was er hätte, und die Kamarinäer sollten gegen Erlegung einer bestimmten Summe Geld an die Syrakosier Morgantine bekommen.* "[173] Aufgrund dieser Verbündung kehrte die athenische Flotte, die unter anderem von Sophokles angeführt wurde, in die Heimat zurück und wurde beschuldigt, durch die Annahme von Geschenken die Insel verlassen zu haben. Folglich wurden die Anführer verbannt beziehungsweise auf eine andere Weise bestraft. Somit endet vorerst die Beschreibung von den Auseinandersetzungen auf und um Sizilien, erst im fünften Buch wird die Insel wieder Schauplatz in Thukydides' Werk.

So wie in den vier Teilen zuvor, wird auch wieder nur am Rande, in den Wirren der unterschiedlichen Auseinandersetzungen, Kriegen, Hinterhalte, Verbündungen und zahlreichen un-

---

[172] Thuk.a. IV, 60
[173] Ebd. 65

terschiedlichen Orten die Insel Sizilien erwähnt, wobei dieses Mal Athen zu Beginn der Erzählung versucht, wieder als „Friedensbringer" mit eigenen Interessen zur Insel gerufen wurden, da *„die Leontiner nach dem geschlossenen Frieden und dem darauf erfolgten Abzuge der Athener einer Menge Leute das Bürgerrecht ertheilt; und das Volk hatte im Sinn, mit den Ländereien eine neue Theilung vorzunehmen. Als die vermögenden Bürger solches merkten, riefen sie die Syrakosier herbei und jagten das Volk zur Stadt hinaus, welches sich darauf hin und wieder zerstreute. Die Reichen verglichen sich mit den Syrakosiern, ließen ihre Stadt öde stehen, und zogen als Bürger nach Syrakus."*[174]

Der Grund wieso nun Athen einen Feldherrn mit zwei Schiffen losschickte, ist folglich mit der Niederlassung von Vertriebenen auf leontinischem Gebiet zu erklären, da diese dort eine Anlage zur Verteidigung errichtet und *„von den Festungswerken aus allerlei Feindseligkeiten verübten."*[175] Die Athener, die weiterhin im Bündnis mit den Leontinern standen, wollten, auch da die Syrakusaner immer mächtiger wurden, versuchen, andere Städte Siziliens mit sich zu verbünden, um endlich tatsächlich Fuß auf der Insel zu fassen.

Zu Beginn schien der Plan erfolgreich zu sein, da die Kamariäer und die Akragantiner sich den Athenern anschlossen, jedoch blieb es lediglich bei diesen zwei Poleis, da in Gela der erste Widerstand gegen die griechischen Eindringlinge erfolgte und anscheinend der Anführer Athens bemerkte, dass diese Unternehmung nicht sehr erfolgsversprechend sei. Somit endet ereignislos eine weitere Erzählung von Athens Interessen auf Sizilien. Anbei erwähnt Thukydides, dass ein athenische Gesandte, bevor er in die Heimat reiste, einen Besuch im Süden Italiens machte, um auch dort die scheinbar freundschaftlichen Beziehungen Athens unterschiedlichen Städten anzubieten und interessant zu machen. Es wird unter anderem geschildert, wieso die Lokrer als einzige in der Magna Graecia nicht als Feinde von den Athenern gesehen wurden,

---

[174] Thuk.a. V, 4
[175] Ebd.

da diese, als die Sizilianer miteinander Frieden schlossen und eine Allianz gegen den vermeintlichen griechischen Eindringling gründeten, die einzigen waren, die nicht diesem Pakt zustimmten.

Mit der Abfahrt des athenischen Gesandten in die Heimat enden die Erwähnungen der Magna Graecia im fünften Buch. Im darauffolgenden wird gleich zu Beginn auf die neue Unternehmung Athens gegen Syrakus, die von 416 – 414 v. Chr. andauerte, eingegangen. Des Weiteren berichtet Thukydides mit Hilfe eines Rückblicks über die Urbewohner Siziliens und den dortigen griechischen Kolonien. Es macht den Anschein, dass in der damaligen Zeit das Wissen über die Magna Graecia, die Größe der Insel Siziliens, der dort lebenden griechisch abstammenden Poleis und den Barbaren nicht sehr groß war, da Thukydides meint, dass nur *„die wenigsten aber unter ihnen wußten, von was für eine Größe diese Insel sei, und was für zahlreiche Nationen von Griechen und Barbaren dieselbe bewohnten, und daß sie sich folglich in einen Krieg einließen, der dem peloponnesischen nicht viel nachstünde. Der Umfang von Sicilien beträgt nämlich, nach der Fahrt eines Frachtschiffes zu rechnen, nicht viel weniger als acht Tagesreisen.“*[176] Dies könnte möglicherweise bedeuten, dass das Bild der mutterländischen Griechen von der Magna Graecia doch unbekannter und verallgemeinert gesehen wurde als zu erwarten wäre, da das Wissen gering und das Bild Siziliens in den Augen der Athener als primitiveres, nicht so weit entwickeltes und ihnen unterlegen einzustufendes Land war. Diese Sichtweise kann möglicherweise auch auf die fehlenden Handelsbeziehungen zwischen Athen und Poleis der Magna Graecia zurückgeführt werden, was wiederum mit den nicht vorhandenen Gründungen von Kolonien einige Jahrzehnte zuvor zu erklären wäre, da die Tochterstädte vermehrt Kontakte mit ihrem Umland in der Magna Graecia und der Metropolis auf dem Festland suchten. Zudem sollte erwähnt werden, dass besonders viele Kolonien, die wiederum Pflanzstädte in der Magna Graecia gründeten, von Eúboia (Chalkidier) gegründet wurden und diese in der

---

[176] Thuk.a. VI, 1

Konkurrenz zu Athen standen, wodurch auch ein Handel eher auszuschließen war. Anscheinend, was durch die Textstelle bekräftigt werden kann, hatten die Athener nicht nur die Möglichkeit der Kolonisation neuer Gebiete in der Magna Graecia schon längst verpasst, sondern unterschätzten die dortigen Möglichkeiten (Anbau von Land, Reichtum, Handel, Erweiterung der Macht und Religion, etc.) und Menschen, die sich, wie bereits erwähnt, mit voller Macht gegen die Athener auflehnten.

Neben der Überfahrt athenischer Schiffe versucht Thukydides ein umfangreiches Bild der Ureinwohner Siziliens zu erstellen, berichtet unter anderem woher diese kamen und abstammten. Beispielsweise erwähnt er die Kyklopen und die Lästrygonen, meint jedoch, dass die aus Iberien verdrängten Sikaner die ersten gewesen seien, die auf Sizilien lebten und behaupteten, selbst auf dieser Insel entsprungen zu sein. Diese leben auf der westlichen Seite der Insel und machten nach dem trojanischen Krieg mit Flüchtlingen Bekanntschaft, die sich neben ihnen niederließen und als Elymeer bekannt wurden.[177]

Die Sikuler, die aus Italien stammten, kamen über die Meeresenge nach Sizilien, besiegten die Sikaner, nahmen die nördlichen und mittleren Gebiete in Anspruch und nannten diese Sizilien. Auch die Phönizier werden erwähnt, die aufgrund des Handels mit den Sikanern besonders im „Vorgebirge und benachbarten kleinen Inseln"[178] siedelten.

Mit der Ankunft der ersten Griechen, den Chalkidenser, änderten sich die Machtverhältnisse auf der Insel, da die Phönizier sich immer mehr zurückziehen mussten, die Sikuler von der Insel verjagt wurden und die ersten größeren Kolonien und späteren Zentren gegründet wurden. In der Folge beschreibt Thukydides, wie Syrakus und andere Kolonien entstanden, welche Auseinandersetzungen, Landschenkungen und Zusammenschlüsse es gegeben hat und wie immer mehr griechische Poleis die Magna Graecia, mit Hauptaugenmerk auf Sizilien, als potenzielles Siedlungsgebiet sahen. Auch aufgrund von vielen Machtkämpfen innerhalb der Kolonien, die

---

[177] Vgl. Thuk.a. VI, 2
[178] Ebd.

immer mächtiger wurden, gab es etliche Flüchtlinge, die sich dann meist anderen Völkern oder Kolonien anschlossen. So entstanden dann verschiedene Dialekte, wie beispielsweise der Autor im Fall von Zanklē schildert: *„Von Zankle aus ward (sic!) Himera unter der Aufsicht des Eukleides, Simos und Sakon angelegt. Der größte Theil dieses Pflanzvolkes bestand aus Chalkidensern, mit welchen sich aber doch verschiedene Flüchtlinge aus Syrakus, die in einem bürgerlichen Zwiespalt den kürzeren gezogen hatten, unter dem Namen der Myletiden vereinigten; es war aber eine Sprache unter ihnen aufgekommen, die eine Mittelgattung zwischen der chalkidensischen und dorischen Mundart ausmacht, ihre übrige Verfassung aber war auf den Fuß der chalkidensischen eingerichtet worden."*[179]

Nach dieser vielseitigen Darstellung Siziliens kehrt Thukydides wieder zu den Unternehmungen von Athen zurück und meint etwas kritisch: *„Und gegen eine so bedeutende Insel wollten die Athener Krieg anfangen. Die wahre Ursache davon war wohl keine andere, als die Begierde, sich dieselbe ganz unterwürfig zu machen; sie brauchten aber dabei den anständigen Vorwand, sie wollten ihren Verwandte und nochmals zu ihnen getretenen Bundesgenossen zu Hilfe kommen."*[180]

Ausschlaggebend war die Konsultierung der Athener durch einen egestanischen Botschafter, da diese *„mit ihren Grenznachbarn, den Selinuntiern, wegen gewisser Heirathsangelegenheiten und wegen eines streitigen Stück Landes in einen Krieg gerathen, in welchem die Selinuntier, welche die Syrakusaner zu Hilfe gerufen hatten, sie zu Lande und zur See bedrängten."*[181]

Thukydides schildert ziemlich ausführlich die Abstammungen der unterschiedlichen Poleis auf Sizilien und wieso unter anderem Athen nun für die Egestaner zur Hilfe eilen muss. Auch hier werden Dorer und Peloponnesier erwähnt und in Verbindung mit unterschiedlichen Pflanzstädten in der Magna Graecia gebracht.

---

[179] Thuk.a. VI, 5
[180] Ebd. 6
[181] Ebd.

Athen schickt aufgrund des Hilferufs Abgeordnete, die über eine Bevollmächtigung verfügten, nach Sizilien, um die Situation einzuschätzen. Die Egestaner brachten bei der Ankunft der athenischen Gesandten *„sechzig Talente ungemünztes Silber, als eine monatliche Löhnung für sechzig Schiffe"*[182] mit und versprachen mehr, wodurch die Athener eine Versammlung einberiefen und zustimmten. Somit segelten die beiden Oberbefehlshaber Alkibiades und Lamachos mit sechzig Schiffen nach Sizilien, und auch Nikias, der gegen seinen Willen als Feldherr bestimmt wurde, musste die Reise antreten, obwohl er sich zuvor vehement mit einer Rede gegen die Expedition ausgesprochen und die Gier der Athener kritisiert hat. Des Weiteren meint er, dass Athen bereits ausreichend Feinde am griechischen Festland habe und nun neue Kriege abseits von der Heimat beginnen möchte. Zudem sagt er auch, dass bei einer Niederlage auf Sizilien nicht nur die Streitkraft Athens verringert würde, sondern auch die Feinde in Griechenland nicht zögerten, alsbald anzugreifen. Auch bei einem Sieg sieht Nikias, der diese Situation ziemlich klar durchschaut hat, keine Möglichkeit, Sizilien, beziehungsweise Teile der Insel, längerfristig halten zu können, *„wegen der Entlegenheit des Landes und wegen ihrer Menge [...]."*[183] Weiterer Aspekt gegen die Expedition ist nach Ansicht des Feldherren die Pest, die unzählige Soldaten in den letzten Jahren das Leben gekostet hat, und somit die Mannschaft für die Überfahrt nicht nur geschwächt, sondern auch drastisch minimiert ist. Außerdem fehle das Geld und es gäbe wichtigere Sachen, als eine Intervention auf einer entfremdeten Insel.[184]

Nikias fand sehr viel Zuspruch bei der Versammlung und etliche dachten genauso wie er. Sie plädierten gegen einen Sizilienfeldzug, doch als Gegenspieler stand unter anderem Alkibiades, der grundsätzlich kein Unterstützer des Feldherren war und aus mehreren Aspekten den Krieg suchte. Unter anderem aus *„Trieb, dem Nikias entgegen zu arbeiten [...], theils und vornehmlich, weil er sich gern an der Spitze einer Flotte sehen wollte, in der Hoffnung, Sicilien und*

---

[182] Ebd. 8
[183] Thuk.a. VI, 11
[184] Vgl. ebd.

Karthago unter seiner Anführung zu erobern, und auch hier für seine eigene Person, wenn das

Glück ihn begünstigte, sowohl Reichthümer als Ruhm und Ehre zu erwerben."[185]

Nach mehreren verbalen Auseinandersetzungen und unterschiedlichen Forderungen und Redner wurde der Beschluss gefasst nach Sizilien zu fahren, um den Egestanern zu helfen.

Die drei Anführer der Expedition Nikias, Alkibiades und Lamachos erhielten eine unbeschränkte Vollmacht und sollen 416 v. Chr. unter anderem Syrakus erobern, wobei Alkibiades während der Überfahrt aufgrund des Hermenfrevels (in der Nacht vor der Abfahrt wurden in Athen Statuen des Gottes Hermes mit abgeschlagenem Kopf vorgefunden) fliehen und seine Führungsposition aufgeben musste, obwohl der Krieg zu dieser Zeit, bis auf ein paar kleine Überfälle auf syrakusische Felder, noch nicht begonnen hat.

Zur Mitte des Sommers stach die athenische Flotte mit ihren Bundesgenossen nun nach ein paar Monate der Planungen in Richtung Sizilien auf, wo bereits Kunde über den bevorstehenden Krieg gemacht und eine Versammlung in Syrakus abgehalten wurde, um Verteidigungsmöglichkeiten zu besprechen. Unter anderem tritt Hermokrates auf und weist darauf hin, dass nun alle, auch die Poleis in Italien und die Karthager nun als ihre Verbündete auftreten müssen, um den griechischen Eindringling zu bezwingen. Jedoch bezweifeln einige die tatsächliche Mobilisierung der athenischen Flotte und sehen keine Gefahr.

In der Zwischenzeit landeten die ersten, Thukydides redet von drei, athenischen Schiffe in der Magna Graecia, um herauszufinden, welche Städte geneigt wären sie bei ihrer Expedition zu unterstützen, jedoch wollen lediglich Katana und Naxos diesen helfen. Interessant ist die generelle und einheitliche Abneigung der Poleis in der Magna Graecia den Athenern und ihren Verbündeten gegenüber, da ihnen lediglich die Aufnahme von frischem Wasser erlaubt wurde, und sogar dies nicht alle Städte gestatteten. Thukydides beschreibt, dass weder Einlass in die Poleis, noch das Zukaufen von Lebensmitteln den Athenern zugestanden wurde.[186]

---

[185] Ebd. 15
[186] Thuk.a. VI, 44

Schließlich errichteten die athenischen Soldaten und ihrer Verbündeten ein Lager bei Rhegion, fanden jedoch auch dort keine Unterstützung, weder wurde ihnen Einlass in die Stadt gewährt, noch verbündeten sich die Einwohner mit den Griechen, da sie keine Partei ergreifen würden, *„sondern sich danach richten, was die übrigen Italiener gemeinschaftlich beschließen würden.“*[187] Daher ist bereits hier die Sichtweise der Einwohner der Magna Graecia klar gegenüber den Athenern zu erkennen. Sie sehen diese nicht als Verwandte, da sie auch keine Tochterstadt dieser sind, sondern lediglich als Eindringlinge mit denen sie keine Verbindungen in irgendeiner Weise haben und daher auch keine Unterstützung leisten.

Nun bestand bei den Syrakusanern kein Zweifel, denn die Athener waren tatsächlich in unmittelbarer Nähe und somit begannen Rüstung und Konsultierung von Verbündeten. *„Man schickte zu den Sikulern Botschafter umher, theils sich ihrer Treue zu verpflichten, theils sie zu neuen Verbindungen einzuladen. Die festen Plätze in dem Lande versah man mit Besatzungen. In der Hauptstadt besichtigte man die Rüstungen und Pferde, ob alles in gutem Stande sei.“*[188] Während Alkibiades floh und in Athen die Todesstrafe für ihn ausgesprochen wurde, übernahmen die anderen Feldherren die Macht, teilten diese in zwei und segelten nach Egesta und Selinus, um einerseits herauszufinden, ob die Egestaner tatsächlich nicht die versprochenen Gelder für das athenische Heer hatten, andererseits die Selinuntier zu den Streitigkeiten zu befragen. Auf dem Weg dorthin eroberten die Athener die Stadt Hykkara, da diese in Feindseligkeit mit den Egestanern lebten und verkauften die Einwohner als Sklaven, da Nikias sein Heer weiter mit den Schiffen nach Egesta führte, um mit den Verantwortlichen der Polis zu reden und dreißig Talente von diesen zu erhalten. Laut Thukydides erhielten die Athener rund 120 Talente für die Sklaven.[189] Das zweite Heer zog auf dem Land durch das Gebiet der Sikuler nach Katana.

---

[187] Ebd.
[188] Thuk.a. VI, 45
[189] Ebd. 62

Nach etlichen Tagen brachen die Syrakusaner aufgrund einer List in Richtung Katana auf, wo angeblich die Athener einfach anzugreifen wären. Diese fuhren jedoch mit der gesamten Flotte nach Syrakus, um die Stadt zu vernichten und folglich eine vorteilhafte Position einzunehmen, in der es der syrakusischen Reiterei nicht möglich wäre Schaden anzurichten, *„ indem ihnen auf der einen Seite Mauern, Häuser, Bäume und Moräste, auf der anderen aber steile Anhöhen im Wege standen. "*[190]

Während die Syrakusaner bemerkten, dass die Athener nicht in Katana waren, sondern in Richtung Syrakus fuhren, kehrten diese rasch um, kamen jedoch erst an, als bereits ein gut befestigtes Lager von den Athenern vor Syrakus errichtet und die Brücken bereits zerstört waren. Ein Angriff auf dieses Lager schien für den ersten Moment unmöglich. Syrakus war eingeschlossen, jedoch hatten die Syrakusaner nur wenige wehrfähige Männern in der Stadt zurückgelassen, somit waren die Athener nun zwischen der Stadt und dem syrakusischem Heer, welches sich vorerst zurückzog.

Am nächsten Tag kommt es zur Schlacht, Thukydides zählt die unterschiedlichen Verbündeten auf beiden Seiten auf und Nikias hält eine Rede zu den athenischen Soldaten, bevor der Kampf beginnt. Der Feldherr meint unter anderem, dass ausschließlich die Athener hier als Sieger vom Platz gehen werden und die Sizilianer, die lediglich Geringschätzung den Athenern gegenüber hatten und Kühnheit besäßen, nun eine Lektion in Kriegsführung erhalten sollen. *„Das Vorspiel zum Treffen machten von beiden Seiten die Steinwerfer, Schleuderer und Bogenschützen, welche sich, wie es bei leichten Truppen geht, eine Zeitlang einander herumtrieben. Sodann brachten die Wahrsager die gewöhnlichen Opfer herbei, und die Trompeter trieben die schweren Völker zum Angriff. "*[191] Die Athener gewinnen die erste Schlacht und ziehen sich vorerst, da der Winter eintritt, nach Naros und Katana zurück. In der Zwischenzeit riefen die Syrakusaner eine Volksversammlung herbei, änderten gewisse Strukturen in ihrem Heer

---

[190] Thuk.a. VI, 66
[191] Ebd. 69

(unter anderem werden drei Feldherren mit Vollmacht bestimmt) und schickten Botschafter nach Korinth und Lakedämon, um *„beide Mächte mit sich in ein Bündnis zu ziehen [...]."*[192] Außerdem befestigten die Syrakusaner ihre Stadt zusätzlich, schlossen weitere Teile innerhalb der Stadtmauer ein und vernichteten Katana, da sie wussten, dass die Athener in Naros seien.

Innerhalb der nächsten Monate kam es zu einem Treffen syrakusischer und athenischer Anführer in Kamarina, um diese als Verbündete zu gewinnen. Es werden mehrere Reden gehalten, unter anderem spricht der syrakusanische Staatsmann und Feldherr Hermokrates, der hinweist, dass die meisten Poleis Siziliens von freien Menschen bewohnt werden, die einst von dorischen Vorfahren gegründet wurden, die aus der Peloponnes stammen und sich nun gemeinsam gegen die athenischen Feinde verbünden müssen. Des Weiteren ist seine Aussage sehr klar formuliert, dass die Griechen am Festland wohl sich gegenseitig bekriegen können, jedoch hier in der Magna Graecia andere Gesetze und Regeln herrschten und es kein Recht einer griechischen Poleis geben würde, die unabhängigen Stadtstaaten auf Sizilien oder Süditalien zu bekriegen. *„Wir wollen es nicht glauben, daß, wenn erst unsre Landsleute, die weit von uns wohnen, zu Grunde gerichtet sind, die Reihen auch an uns kommen werde, sondern wir denken, wer vor uns unglücklich ist, der sei es für sich."*[193]

Ferner meint er auch, dass vermutlich einige neidisch auf den Reichtum, Erfolg und die Macht der Syrakusaner sind, besonders am griechischen Festland, da sie ausreichend Land und Ressourcen auf der Insel haben, dies jedoch trotzdem den Athenern nicht das Recht gäbe, auf Sizilien einzufallen. Daher richtet Hermokrates auch sein Wort an die Kamarinäer und meint, dass sie ihre nächsten Nachbarn seien, und nicht die der Athener und deswegen an ihrer Seite kämpfen müssten. Des Weiteren sagt er, dass sich nun die Städte Siziliens, besonders die Kamarinäer, die mit einer Verbündung mit den Athenern weiterhin liebäugeln, sich untereinander und mit

---

[192] Thuk.a. VI, 73
[193] Ebd. 77

Syrakus verbünden sollten, da mit Hilfe von den Feinden Athens aus dem griechischen Festland zu rechnen sei.

Danach spricht der athenische Gesandte Euphemos und meint, dass sie lediglich die Absicht verfolgten, die alten Bündnisse zu erneuern, da *„die Ionier und Dorier von je her Feinde gewesen sind, und damit hat es eigentlich folgende Bewandtnis. Wir, als Ionier, haben allemal dahin zu sehen gesucht, wie wir die geringste Gefahr laufen möchten, den Peloponnesiern als Doriern, die uns an Anzahl überlegen und dabei unsre Nachbarn waren, unterthänig zu werden.* "[194] In diesem Zusammenhang äußert er sich, dass einst Dorer mit den Persern verbündet haben, um die Ionier zu unterwerfen und nun die Athener diejenigen sind, die mit Recht eine Vorherrschaft in etlichen Gebieten Griechenlands haben. Er rechtfertigt sich somit bezüglich der syrakusischen Vorwürfe, dass die Athener viele andere Städte Griechenlands unterworfen, die Macht an sich gerissen und die Leute versklavt haben und nun die Magna Graecia das nächste Eroberungsziel ist.

Der athenische Gesandte wirbt für den athenischen Verband der Bundesgenossen indem er sagt, dass der ewige Schutz und Bund mit Athen vorhanden sein wird. *„Nun aber ist es hier unsern Vortheilen (sic!) gemäß, nicht daß wir unsre Freunde beeinträchtigen, sondern daß wir unsre Feinde durch die Macht unsrer Freunde schwächen. Dies darf niemandem unglaublich vorkommen. Selbst unsre dortigen Bundesgenossen führen wir so an, wie es und bei jedem am zuträglichsten ist; die Ehier und Methymnäer liefern nur Schiffe und leben übrigens nach ihren eigenen Gesetzen; die meisten übrigen hingegen leben unter einem stärkeren Zwange und müssen ordentliche Steuern erlegen; noch andere genießen als unsere Bundesgenossen ihrer völligen Freiheit, obwohl es Insulaner sind und leicht zu erobern wären, weil sie nämlich sehr gelegen gegen die Peloponnes liegen.* "[195]

---

[194] Thuk.a. VI, 82
[195] Ebd. 85

Unter anderem durch diese und weitere offene Drohungen und Angebote, egal wie man sie interpretieren möchte, setzt Athen besonders die Städte Siziliens unter Druck, die sich noch nicht auf einer der beiden Seiten gestellt haben. Athen lässt ihnen die Wahl, entweder sich ihnen anzuschließen und Bundesgenossen zu werden, oder im kommenden Frühling/Sommer eines der ersten Angriffsziele zu werden. Wenn sich diese Poleis jedoch der unterlegenen Seite anschließen, sei es Athen oder Syrakus, müssen diese mit den härtesten Strafen und Eroberungen nach dem großen Krieg rechnen. Einer der vielen weiteren Argumente des athenischen Gesandten sich ihnen anzuschließen, ist die Distanz, die Feinde am Festland und die nicht vorhandenen Möglichkeiten Athens, sich in Sizilien nach einem Sieg über der mächtigsten Stadt Siziliens festzusetzen: *„Wir können uns unmöglich in Sicilien halten, ohne euch zugethan zu bleiben; [...] so würde es uns unmöglich fallen, unsere Eroberungen in Sicilien zu behaupten, theils wegen der Länge der Meerfahrt, theils weil wir, eine Seemacht, nicht die Mittel haben, große Städte, die ganz als Landstädte eingerichtet sind, gehörig zu schützen und in Gehorsam zu erhalten. Die Syrakosier hingegen sitzen euch nicht mit einem Feldlager, sondern mit einer Stadt, die alles, womit wir erscheinen können, an Größe übertrifft, auf dem Halse; Sie gehn beständig mit Anschlägen gegen euch Schwanger und lassen nie eine Gelegenheit, einen Vortheil über euch zu erhalten, aus den Händen.* "[196]

Athen versucht mit diesen Versprechen und Behauptungen einen Vorteil gegenüber den Syrakusanern zu gewinnen, unter anderem meint der Gesandte, dass dies nun die einzige Möglichkeit der sizilianischen Poleis wäre, aus der Unterdrückung und Vormachtstellung Syrakus' zu entfliehen. Falls diese nicht genutzt wird, dann wir die mächtigste Stadt Siziliens in den kommenden Jahrzehnten versuchen, immer mehr die Oberhand über die anderen auf der Insel zu erlangen.

---

[196] Thuk.a. VI, 86

Abschließend fasst der athenische Gesandte Euphemos die wichtigsten Punkte für die Kamarinäer und die anderen Beteiligten zusammen, wieso Athen unter anderem aus eigenem Schutz in Griechenland so in der Vergangenheit gehandelt hat, wie sie es mussten, und nun in Sizilien nicht aufgrund ihrer eigenen Pläne, *„sondern auf eine förmliche Einladung zu Hilfe gekommen"*[197] sind.

Kamarina konnte nicht an die Seite der Athener gezogen werden, obwohl diese sizilianische Polis ihrem Feind Syrakus eine Niederlage gönnte, jedoch wollten auch diese keine Herrschaft der Athener auf Sizilien und folglich in der Magna Graecia haben und hatten berechtigte Sorge, dass Syrakus an Kamarina Rache üben würde, wenn diese beschlossen hätten, den griechischen Eindringlingen Hilfe zu leisten.

Mehr Erfolg hatten die Bemühungen der Sikelern, die kampanische Söldner und Unterstützung durch Vermittlungen der in Italien lebenden Chalkidier, erhielten. Die Verhandlungen mit den Karthager verliefen hingegen nicht so erfolgreich, da sie neutral bleiben wollten.

Bevor es 414 v. Chr. endgültig zum Krieg gekommen war, musste Nikias noch auf die Materialien für die Belagerung der Stadt, die Pferde, Reiter und Geldsendungen, die aus Athen nach Sizilien gebracht wurden, warten und beschloss, Plünderungszüge in unterschiedlichen Gebieten durchzuführen. Außerdem schafften es athenische Gesandte die Stadt Kentoripa als Verbündete zu gewinnen.

Die athenischen Flotte landete am Nordfuß von Epipolä und konnte die dortigen Höhen vor den Syrakusanern erobern. In diesem ersten Gefecht wurde eine syrakusische Elitetruppe besiegt und musste sich zurückziehen. Hermokrates und die beiden anderen syrakusischen Anführer wollten mit der Besetzung dieser Höhen eine Umschließung ihrer Stadt verhindern. Die Athener begannen somit mit den Belagerungsvorbereitungen, befestigten zuerst das Labdalon, eine Höhe am Nordrande, und errichteten in der Nähe der Stadtmauer eine Befestigung. Ziel war es,

---

[197] Thuk.a. VI, 87

die Mauern nach beiden Seiten zum Meer zu ziehen, um einerseits Syrakus von der Landseite abzusperren, andererseits konnte nun die athenische Flotte das Heer mühelos mit Lebensmitteln und Belagerungsmaterial versorgen. Des Weiteren erhielten die Athener eine Verstärkung von Reitern aus Segesta und anderen Orten Siziliens und konnten nun somit den Kampf mit der feindlichen Reiterei aufnehmen.

Mehrere Gegenmaßnahmen der Syrakusaner, um die Einschließung ihrer Stadt zu verhindern, schlugen fehl, jedoch konnten diese auch kleine Erfolg feiern, als sie Lamachos, den athenischen Feldherren neben Nikias im Kampf umbrachten. Folglich gingen sie weitere gegen das Fort, welches von den Athenern in Brand gesteckt werden musste, um einen weiteren Vormarsch der Syrakusaner zu verhindern. Die Euphorie hielt jedoch nicht lange, das gesamte athenische Heer, welches nach Sizilien geschickt wurde, landete in einer naheliegenden Bucht, die Syrakusaner mussten sich zurückziehen, die drei Feldherren wurden durch drei andere ersetzt und die Situation schien aussichtslos, da nicht nur eine doppelte Mauer um die Stadt gezogen wurde, sondern auch mehrere italienische Orte der athenischen Armee Lebensmittel zukommen ließen.[198]

Bis zu dieser Zeit, als sich die Syrakusaner sowieso keinen Sieg mehr erhofften, kam auch keine Benachrichtigung aus dem griechischen Festland, es wurde keine Hilfe gewährt, nicht einmal die Mutterstadt Korinth sah sich in der Lage, einen Kampf gegen die athenische Flotte aufzunehmen. Die ersten, die nun verspätet den Syrakusanern zur Hilfe kommen wollten, waren die Erzfeinde Athens, nämlich Sparta. Im Winter 415/4 v. Chr. traf ein syrakusanischer Gesandtschaft mit einem dringenden Hilfsgesuch in Sparta ein, die bereit waren, diesen zu helfen, obwohl die Euphoren weiterhin die Ansicht vertraten, keine großen Expeditionen zu unternehmen, wenn der Ausgang dieser Unternehmungen nicht klar vorherzusehen und zu kalkulieren sind. Den entscheidenden Unterschied machte Alkibiades, der damals nach Sparta geflohen ist

---

[198] Thuk.a. VI, 103

und nun den Korinthern, die ihre Tochterstadt unterstützen wollten, und Spartanern von den weitreichenden Plänen der Athener berichtete.

Die korinthisch-spartanische Unternehmung wurde von einem Mothax angeführt, nämlich Gylippos, der so rasch wie möglich Italien zur Hilfe kommen wollte. Italien, und nicht unbedingt Syrakus, weil er und seine Feldherren nach der Kunde der doppelten Ummauerung keinen Sinn sahen, hier erfolgreich eingreifen zu können. Vielmehr wollten sie die Ausdehnung der Athener auf der Insel und folglich in der gesamten Magna Graecia verhindern. Nikias erfuhr von der geringen Anzahl der entsandten Schiffe und sah diese als eine Verhöhnung an und beschloss vorerst, da sowieso keine Gefahr vorhanden war, keine Vorkehrungen zu treffen.[199] Auch Leukas und Ambrakia schloss sich Korinth und Sparta an, insgesamt waren es rund 19 Kriegsschiffe die nach Sizilien fuhren. Mit diesem Bericht enden die Erzählungen über die Magna Graecia im sechsten Buch.

Im siebten Buch erfährt der Leser zu Beginn, *„daß Syrakus noch nicht gänzlich gesperrt sei, sondern daß man in der Gegen von Epipolä noch Völker hineinbringen könne.“*[200] Somit gab es nun zwei Möglichkeiten, entweder *„Sicilien zur rechten Hand zu behalten und so gerade auf Syrakus zuzusegeln, oder ob sie linker Hand herum erst nach Himera segeln und von dort mit ihren Völkern und andern, die sie etwa noch an sich ziehen möchten, zu Lande weiter gehen sollten.“*[201] Sie entschieden sich für die Fahrt nach Himera und wurden gut aufgenommen. Seine Truppen wurden teilweise ausgerüstet und rund 1000 Mann und 100 Reiter wurden ihm zugesprochen. Des Weiteren sandten auch Selinus und Gela Unterstützung und in Syrakus traf eine korinthische Triere ein und berichtet den Eingeschlossenen, dass bald Hilfe kommt.

Das gesamte syrakusische Heer rückte zur Nordseite des Epipoläs vor, denn dort war die athenische Mauer noch nicht vervollständigt. In der Zwischenzeit stand Gylippos auf dem Eryelos,

---

[199] Thuk.a. VI, 104
[200] Thuk.a. VII, 1
[201] Ebd.

der westlichen Höhe des Plateaus und brachte Nikias in eine prekäre Lage, der nun einen Angriff nicht wagte und somit Gylippos und den Syrakusanern es ermöglichte, sich zu vereinen und in die Stadtmauer zurückzukehren. Der nächste Erfolg war die Zurückdrängung der Athener, die ihre Befestigung verlassen mussten. Somit wurde die Stadt Syrakus von der Einschließung befreit.

Herbst tritt ein und Gylippos konnte gemeinsam mit den Syrakusaner die Vorbereitungen zu einer Offensive treffen, um folglich die Athener aus Sizilien zu verjagen, beziehungsweise diese vollständig zu vernichten. Ein Offensive auf die athenische Befestigung erschien für Gylippos nicht erfolgsversprechend, deswegen entschloss er sich, die Entscheidung zur See zu suchen. Syrakus und ihre Verbündeten hatten insgesamt rund 80 Schiffe zur Verfügung, weitere sollten durch Konsultierung von Sparta und Korinth nach Sizilien gebracht werden. Gylippos nutzte die kriegsfreie Zeit, um persönlich zu anderen sizilschen Städte zu reisen, um folglich eine Erweiterung der Allianz zu erreichen.

In dieser Zeit sah auch Nikias ein, dass er der wachsenden Kraft Syrakus' nicht viel entgegenzusetzen hätte und schickt einen Gesandte nach Athen, um entweder die Expedition und die Bemühungen um Sizilien aufzugeben, oder ein zweites Heer und viel Geld zu senden.[202]

Erwähnenswert ist auch Nikias' Aussage, dass *„ich wegen einer Nierenkrankheit nicht länger zu bleiben vermag"*[203] und somit einen Nachfolger für ihn gefunden werden muss.

Er berichtet unter anderem, dass die Sizilianer vermehrt auf der Seite Syrakus' stehen, die Spartaner und Korinther mit ihren Bundesgenossen die Verhältnisse auf der Insel verändern und vermutlich nicht nur auf dem Land einen Angriff wagen werden, sondern auch zu Wasser. Für die Athener in der Heimat war unter anderem folgende Aussage Nikias' besorgniserregend:

„Sollte sich nur noch eine [Stadt] zu den Feinden schlagen, und die Plätze in Italien, die uns bisher mit Lebensmitteln versorgen, durch die Bemerkung unsrer schlechten Umstände und in

---

[202] Thuk.a. VII, 15
[203] Ebd.

Entstehung eures Nachschusses sich bewegen lassen, auch ihre Partei zu nehmen, so würden

sie uns aushungern und dergestalt dem Kriege ohne Schwertstreichen ein Ende machen kön-

nen. "[204]

Resultat dieses Briefes war die Übergabe des Kommandos an zwei andere Feldherren, die auf

Sizilien waren, bis Demostehenes mit der Verstärkung eintraf. Immer mehr athenische Schiffe,

aber auch aus Korinth und Sparta, die durch Gesandte von einer verbesserten Lage ermuntert,

zusätzliche Truppen mobilisierten, kamen auf Sizilien an, doch *„Demosthenes hingegen blieb*

noch zurück und machte alles zur Ausfahrt fertig, so daß dieselbe gleich im Anfang des Früh-

lings vor sich gehen könnte, zu welchem Zwecke er bei den Bundesgenossen Völker aufbot,

Gelder, Schiffe und schwerbewaffnete Soldaten aber vom Lande selbst aufbrachte. "[205] Durch

diese Entsendung der Athener fassten die Spartaner den Beschluss in Attika einzufallen. Die

Athener stationierten mehrere Schiffe, um nun einen Krieg an zwei Fronten zu führen. Mehrere

Auseinandersetzungen, Verluste und Eroberungen auf beiden Seiten waren Resultat dieses nun

auf mehrere Gebiete verbreiteten Krieges.

Auf Sizilien hatte Gylippos so gut wie kein Erfolge, neue Verbündete im Kampf gegen Athen

zu finden, doch war offensichtlich, dass zwar alle Poleis auf der Insel nichts von den griechi-

schen Eindringlingen wissen wollten, jedoch auch das Misstrauen gegenüber Syrakus zu groß

war, denn nach einem Sieg wären vermutlich sie die Herrscher über ganz Sizilien. Als Beispiel

kann die zweimächtigste Stadt Agrigent genannt werden, die trotz zahlreicher Aufforderungen

auf die Bewahrung ihrer Neutralität beriefen.

Im Frühjahr 413 v. Chr. soll nun endlich eine Entscheidung im Krieg mit Athen gefunden wer-

den. Syrakus, unter anderem geführt von dem wieder in Ansehen geratenen Hermokrates, soll

in einem Angriff auf das Schiffslager am Plemmyrion die athenische Flotte vernichten. Ein Teil

---

[204] Thuk.a. VII, 14
[205] Ebd. 17

der syrakusanischen Flotte griff die Athener bei Syrakus an, der restliche Teil fuhr nach Plemmyrion um dort anzugreifen. Die athenischen Schiffe konnten eine scheinbare Niederlage abwehren und die syrakusanischen Flotte besiegen, doch in der Zwischenzeit hat Gylippos mit dem Landheer die Festungen auf dem Plemmyrion erobert und alle Ressourcen der Athener eingenommen. In weiteren Schlachten werden die Athener vernichtend geschlagen, Demosthenes und Nikias unabhängig voneinander ergriffen und zum Tode verurteilt. Die meisten athenischen Soldaten wurden entweder versklavt oder starben in den Steinbrüchen. *„Da ihrer eine große Menge in diesen Tiefen beisammen waren, so fiel ihnen erst die Sonnenhitze und der Schwalm darin sehr beschwerlich, weil sie keine Bedeckung hatten und da sie hieraus in den Herbstnächten gerade das Gegentheil, nämlich eine empfindliche Kälte auszustehen hatten, so zog ihnen diese Abwechslung nebst der Unbequemlichkeiten des engen Platzes, was sie nöthigte (sic!), alles an einem Ort zu thun und dann die aufeinander gehäuften Todten, die an ihren Wunden oder an den Wirkungen jener Abwechslungen und anderen ähnlichen Zufällen gestorben waren, allerlei Krankheiten zu. Außer dem unerträglichen Gestank wurden sie aber auch noch vom Hunger und Durst gequält [...]."*[206]

7.3. Herodot - Pater Historiae

Herodot von Halikarnassos lebte im Zeitraum von 490 v. Chr bis 424 v. Chr und zählt zu den bedeutendsten antiken griechischen Geschichtsschreibern, da er in seinen neun Büchern zahlreiche Erkenntnisse aus den Bereichen Geographie, Geschichte und Völkerkunde beschreibt. Unter anderem meinte Cicero, dass Herodot der Vater der Geschichtsschreibung sei. Dieser geht in seinen Werken besonders auf den Aufstieg des Perserreichs im späten 6. Jahrhundert v. Chr. ein und beschreibt die Kriegen zwischen den verbündeten Poleis Griechenlands gegen die Perser im frühen 5. Jahrhundert v. Chr.

---

[206] Thuk.a. VII, 87

Von großer Bedeutung sind seine neun Bücher besonders aufgrund der großen Zeitspanne, da inhaltlich historische Vorgänge ab cirka 700 v. Chr bis 479 v. Chr detailliert beschrieben werden. Die neun Bücher beinhalten unterschiedliche Bereiche der damals bekannten Welt. Beispielsweise schreibt Herodot im zweiten über Ägypten und die Geschichte der ersten Hochkultur, im fünften über die ionischen Aufstände und ab dem siebten die Feldzüge der Perser gegen Griechenland.

In seinen neun Büchern schreibt der griechische Geograph und Autor nur sehr wenig über die Magna Graecia und die dort lebenden Menschen, jedoch kommen in manchen Nebenbemerkungen Details und Vorkommnisse in Vorschein, die zwar nicht sehr umfassend und erkenntnisreich sind, aber aus denen dennoch Informationen unterschiedlicher Bereiche entnommen werden können. Erst im vierten Buch wird durch die Erwähnung Metapontions ein Gebiet der Magna Graecia erwähnt, da nämlich Aristeas, der nicht nur Dichter sondern auch ein Magier gewesen sein sollte, 240 Jahre nach seinem Verschwinden, da er weder lebend noch tot gefunden wurde, in dieser Kolonie erschien und von den Bewohnern verlangte, dass diese dem Apollon einen Altar errichten und eine Statue danebenaufstellen sollen, *„die den Namen des Aristeas aus Prokonnesos tragen sollte.“*[207] Er meinte zudem, dass Apollon ausschließlich ihre Stadt in der Magna Graecia besucht habe. Als eine Verbindung zwischen Kolonie und Griechenland kann nun die Konsultierung des Delphischen Orakels betrachtet werden, da die Bewohner erfahren wollten, was sie nun zu tun hätten, mit dem Respons, den Altar und die Statue zu errichten, denn wenn sie auf die Erscheinung hören, dann *„werde es ihnen gut gehen.“*[208] Im Vergleich zu den anderen detaillierten und umfangreichen Aussagen und Berichten Herodots erscheint diese kurze Erwähnung eher mager, jedoch zeigt sie ein klares Bild auf, nämlich die religiöse und kulturelle Zusammengehörigkeit und Verbindung zwischen Kolonie und der

---

[207] Hdt.b. IV, 15
[208] Ebd.

Heimat von diesem Glaubens, nämlich Griechenland. In unsicheren Fällen, wie diesem, wandten sich die Kolonisten beziehungsweise die folgenden Generationen weiterhin an die Pilger- und Orakelstätte Delphis. Die Bedeutung ist auch Jahrhunderte nach der Kolonisationsphase weiterhin vorhanden, was für die Beziehung von den Poleis der Magna Graecia zu ihrem Ursprung steht. Es wäre auch möglich gewesen Orakelstätten in der neuen Heimat, in Italien oder Sizilien, zu gründen, die jedoch nicht die Bedeutung hatten wie jene am griechischen Festland. Herodot beschreibt auch die Gründung anderer Kolonien, die nicht mit der Magna Graecia zu tun haben, unter anderem die Auswanderung und Machterweiterungen Kyrenes' in Libyen, bei der erneut das Delphische Orakel eine große Bedeutung spielt. In diesem Zusammenhang wird auch aufgrund der Verbreitung der Griechen und den Verdrängungen lybischer Völker eingegangen, die einen Krieg mit Ägypten zur Folge hatte.

Bereits im zweiten Kapitel wurde prägnant die Geschichte von Kleomenes und Dorieus in Sparta erwähnt, die auch durch Herodot überliefert wurde. Von Bedeutung ist das Nichteinhalten der Auswanderungsbräuche, unter anderem konsultierte Dorieus nicht das Delphische Orakel und segelte nach Libyen. Seine Heimkehr nach zwei Jahren kann durch die schlechten Vorzeichen gedeutet werden, da er sich nicht an die kulturellen Gewohnheiten richtete und somit die gesamte Expedition unter unvorteilhaften Bedingungen erfolgte. Nach seiner Vertreibung aus Libyen befragt er ein Orakel und erfährt, dass er nach Sizilien ziehen solle. *„Als Dorieus das hörte, ging er nach Delphi, um dort anzufragen, ob das Land, das er besiedeln wolle, sein Eigen werden würde. Die Pythia antworte, ja, er werde es erobern. Dorieus fuhr als mit denselben Auswanderern, die er nach Libyen geführt hatte, an Italien vorüber nach Sizilien.*"[209] Die Folge waren mehrere Auseinandersetzungen auf Sizilien, bei denen sich die ausgewanderten Spartaner einmischten und somit versuchten Fuß auf der Insel zu fassen.

---

[209] Hdt.a. VI, 43

Letzter zu erwähnender Teil in Herodots Werk betreffen der Magna Graecia ist im sechsten Buch zu finden, als Milet erobert wurde und die Bewohner von Samos *„gleich nach der See-schlacht [...] beschlossen auszuwandern, bevor noch der Tyrann Aiakes wieder ins Land käme, und [sie] nicht als Knechte der Meder und des Aiakes im Lande [bleiben wollten]. Denn gerade um jene Zeit sandte die Stadt Zankle in Sizilien Boten nach Ionien und rief die Ioner an die ‚Schönste Küste‘, wo sie eine ionische Kolonie gründen wollten. Diese ‚Schöne Küste‘ liegt in dem Teil Siziliens, der Tyrsenien zugewandt ist. Auf den Ruf der Zanklaier machten sich nun die Samier und mit ihnen die milesischen Flüchtlinge – sonst aber keine ionische Stadt – auf den Weg.“*[210]*

In diesem Zusammenhang geht Herodot auf Kriege in Sizilien ein, Zankle belagerte zu dieser Zeit eine befeindete Stadt. Der Tyrann von Rhegion, Anaxilaos, war mit Zankle befeindet und gab den Neuankömmlingen den Rat, Zankle einzunehmen, da sich die Männer alle im Krieg befanden. Nachdem Skythes, der König Zankles von der Eroberung seiner Stadt erfuhr, kehrte er rasch zurück und kontaktierte den Tyrann von Gela, der ihn bei der Rückeroberung unter-stützen soll. *„Als aber Hippokrates mit einem Heer herangezogen war, legte er den Herrscher von Zankle, Skythes, weil er die Stadt preisgegeben habe, in Ketten, samt dessen Bruder Pytho-genes, und schickte sie fort nach der Stadt Inykos; die übrigen Zanklaier lieferte er den Samiern aus, mit denen er Verhandlungen anknüpfte und einen Vertrag geschlossen hatte.“*[211]

Ein Indiz, dass Könige, Herrscher und Tyrannen und zu einem gewissen Grad voneinander, egal in welchem Gebiet sie lebten, wussten, zeigt das Beispiel Skythes, der aus Inykos fliehen und nach Susa, zum König Dareios reisen konnte, der diesen als *„den redlichsten Hellenen, der je zu ihm gekommen sei“*[212] bezeichnet, was durchaus an Bedeutung hat, da er ihn erstens als

---

[210] Hdt.a. VI, 22
[211] Ebd. 23
[212] Ebd. 24

Hellenen bezeichnet, obwohl er auf Sizilien geboren wurde und zweitens trotz keiner vorherigen Verbindungen als seinen achtbarsten griechischen Gast anführt.

8. Schlussbetrachtung - Das Bild der mutterländischen Griechen von der Magna Graecia

Zum Verhältnis zwischen Apoikie und Mutterstadt sind viele verschiedene Beispiele und Bereiche zu vergleichen, jedoch kann auch hier von einem gewissen historischen Entwicklungsgang gesprochen werden, da *„immer stärker werdende Bindungsversuche und hegemoniale Tendenzen"*[213] in den Poleis, sei es nun bei der Mutter- oder der blühenden Tochterstadt, zu erkennen sind. Dennoch können Beziehungen, Handelsverbindungen, gegenseitige Wertschätzung und Sichtweisen, genauso wie die Autonomie zu der Metropolis nicht verallgemeinert dargestellt werden, da diese Aspekte von Kolonie zu Kolonie, und Mutterpolis zu Mutterpolis unterschiedlich war. Hauptsächlich, und als einziger tatsächlicher gemeinsamer Aspekt bei fast allen Apoikien und Metropoleis zu nennen, ist das Pietätsverhältnis, auf das noch im Laufe dieses Fazits eingegangen wird. Die politischen Kontakte waren sehr unterschiedlich, diese konnten eng und positiv, bestimmend, oder verlangend, freundschaftlich und ohne Leugnung der Autonomie der Tochterstadt, sein.

Somit kann in Bezug auf die Frage nach dem Bild der mutterländischen Griechen von der Magna Graecia/den Kolonien von unterschiedlichen Formen der Verbundenheit gesprochen werden, doch auch hier gibt es mehrere Betrachtungsweisen: Erstens konnte die Kolonie politisch unabhängig von ihrer Mutterpolis sein, besonders dann, wenn eine gewisse geographische Distanz und Entfernung vorhanden war, so wie beispielsweise bei den Kolonien in der Magna Graecia. Als Beispiel kann Syrakus genannt werden, eine in wenigen Jahrzehnten mächtig gewordene Polis auf Sizilien, die sich im Laufe der Jahre vom Einfluss der Korinther befreien

---

[213] Barta in Rollinger (Hrsg.) 2007, 45

konnte. Zweitens gab es in vielen Fällen, wie es anhand der Beispiele Kyrene und Naupaktos dargestellt wurde, gewisse Regelungen, wo beim Scheitern der Koloniebildung ein Heimkehren gewährleistet wurde, und die Männer weder an Besitz noch an Rechten verloren. An dieser Stelle sollte aber darauf hingewiesen werden, dass die Kolonisten, auch wenn viele von ihnen aus ihrer Heimat vertrieben wurden, durchaus positiv und wertschätzenden betrachtet wurden, da sie für die Polis und die dort zurückgebliebenen Bürger aussiedeln, um ihnen bessere Lebensbedingungen zu ermöglichen, wie es besonders bei der Lebensmittelversorgung der Fall war. Außerdem wurden die Oikisten, die die Organisation und Verantwortung der Expedition hatten, spätestens nach ihrem Tod zu Heroen ausgerufen.

Besonders in Pindars' Oden konnte ein sehr gutes Bild von der Wertschätzung, und wie die Festlandgriechen einen Rückkehrer aus der Magna Graecia sahen, erstellt werden. Unterschiedliche Beispiele von Hieron aus Syrakus und Theron aus Akragas belegen, dass im Vordergrund nicht unbedingt ihre Leistung bei den Wettkämpfen im Vordergrund standen, sondern jene in der Magna Graecia, wo sie durchaus im Namen aller Griechen kämpften und Gebiete eroberten, um einerseits die Möglichkeiten der dort lebenden Griechen zu verbessern, andererseits das notwendige Land für mögliche Nachzügler, die aus Griechenland auswandern wollten, sicherzustellen. Bei den Heimkehrern in Pindars' Oden wird auch am Rande in ganz wenigen Worten auf den Neid mancher Zurückgebliebener eingegangen, was vermutlich nicht nur auf die wohlhabendsten Familien, Herrscher und Händler der Magna Graecia zurückzuführen ist, sondern auf den Aspekt, dass jene, die aus ihrer Heimat aussiedeln mussten, nun genug Wohlstand und Lebensqualität haben, während in den griechischen Polis weiterhin, auch wenn auf ein gewisses Maß reduziert, politische und versorgungstechnische Probleme keine Einzelfälle waren. Das wohl beste Beispiel liefert Gela, das an landwirtschaftlichen Reichtum kaum zu übertrumpfen war. In Sizilien und Süditalien war Ackerland scheinbar im Übermaß zur Verfügung.

Wie in dieser Arbeit beschrieben, gab es viele von der Polis erzwungene Auswanderungen, wodurch die Frage aufkommt, ob diese vertriebenen Menschen tatsächlich weiterhin eine positive Beziehung mit ihrer einstigen Heimat fortführen konnten. Wenn eine Expedition erfolgreich verlief und die Kolonisten sich rasch niederlassen und mit dem Anbau und Handel beginnen konnten, waren sie vermutlich früher oder später mit der Situation gar nicht so unzufrieden.

Außerdem verstanden sich die Ausgewanderten, auch wenn sie vielleicht individuell Hass gegenüber der Metropolis und ihrer Heimat hatten, als ein Kollektiv, das nun unabhängig war und scheinbar alle Möglichkeiten in der Magna Graecia vorfand. Daher, auch aufgrund mancher Zugeständnisse, wie dem Schutz seitens der Mutterstadt oder, wie es in manchen Fällen vorhanden war, der möglichen Rückkehr in die Heimat, war früher oder später eine enge und gute Beziehung zwischen Mutter- und Tochterpolis vorhanden, wobei diese, besonders in Bezug auf die Magna Graecia nicht überbewertet werden sollte, da die Poleis sich im Laufe der Zeit unabhängig von ihrer einstigen Heimat entwickelten und ihre Zukunft in die eigene Hand nahmen. Handel wurde zwar auch in Sizilien und Süditalien betrieben, kann jedoch als wohl einziger Bezugs- und Beziehungspunkt genannt werden, der im Laufe der Jahrhunderte zwischen Metro- und Tochterpolis weiterhin Bestand hatte, wobei dies auch nicht immer der Fall war.

Politisch und militärisch hielt man sich aus Sicht der Kolonien in der Magna Graecia bezüglich des griechischen Festlands sehr zurück, nicht so wie andere Tochterstädte die in Griechenland lagen. Bestes Beispiel hierfür ist die Auseinandersetzung zwischen Kerkyra und Korinth, wo unter anderem die Kolonien Ambrakia und Leukas ihre Treue zur Mutterstadt zeigten, indem sie in den Krieg eintraten. Nur Einzelfälle in der Magna Graecia, wie Thurioi, können genannt werde, die in irgendeiner Position mit ihrer Mutterstadt in Griechenland militärisch interagierten beziehungsweise eine Rolle spielten, doch dann auch nur sehr nebensächlich waren.

Wenn man die Kolonien der Magna Graecia und jenen die am griechischen Festland gegründet wurden vergleicht, fällt auf, dass die erstgenannten zwar meist schon strategische Handelsstandorte waren, die dann zu Aussiedlungsorten aufgrund von sozialen Problemen in der Heimat avancierten, jedoch nicht, wie am griechischen Festland, hauptsächlich eine militärische Bedeutung und die Verschiebung von Menschenmassen zur generellen Verteidigung gegenüber Feinden hatten. Die unterschiedlichen Entwicklungen in der Magna Graecia haben durchaus zusätzlich auch mit der geographischen Distanz zum griechischen Festland zutun, wobei bei der „Entsendung" von Bürgern aus der Heimat in fast allen Fällen nicht die Erweiterung eines Gebiets für die Mutterpolis als Grund war, sondern die bereits genannte Überbevölkerung und das „Loswerden" von Menschen. Die Kolonien der Magna Graecia konnten sich auch aufgrund dieser beiden Gründe unabhängig entfalten, denn Beispiele bezüglich Kolonien am griechischen Festland belegen, dass Mutterstädte durchaus versuchten eine gewisse Hoheit über die Kolonien zu bewahren. Dementsprechend mussten diese Tribute leisten, beispielsweise sandte Korinth jährlich einen Aufsichtsbeamten nach Potidaia.[214]

Dennoch gab es Verbindungen und Beziehungen zwischen Mutterpolis und Kolonie, wobei auch der Begriff „Kolonie" im Laufe der Zeit an Bedeutung verlor, da sich diese über die Jahrzehnte und Jahrhunderte unabhängig zu eigenen Poleis mit ihren eigenen Gesetzen und Bürgerrechten entwickelten. „*Es hat demnach den Anschein, als sei in der Intensität der sozialen und kulturellen Kontakte zwischen [Mutterstadt] und den Kolonien eine absteigende Linie von der archaischen Zeit bis in die römische Kaiserzeitauszumachen. Diese Abnahme scheint fast natürlich – mit fortschreitender Zeit werden die Bindungen lockerer -, aber es gibt im Verhältnis anderer Metropleis zu ihren Gründungen Gegenbeispiele, daß das nicht der Fall zu sein braucht [...].*"[215]

Die Gemeinsamkeiten können in Politik, Kultur, Handel, Sprache und Religion gefunden werden, doch auch aus Gründen der Pietät mit der Mutterstadt blieb eine Verbindung vorhanden.

---

[214] Vgl. Thuk.a. I, 56
[215] Ehrhardt 1983, 240

In dieser Arbeit wurde auch auf das Verhältnis zwischen Mutterstadt und Kolonie eingegangen, das als Pietätsverhältnis aufgefasst und so wie zwischen Eltern und Kind dargestellt wurde. Das bedeutet, dass zu den Hauptfesten hohe Angehörige der Mutterstadt eingeladen wurden und besondere Ehrenrechte hatten. Neben Handelsbeziehungen stand vor allem der Schutz der "Mutter" im Vordergrund, wie es unter anderem bei Syrakus und Korinth in einigen Fällen zu erkennen ist. Konfrontationen und Streit zwischen Metropolis und Kolonie sollten vermieden werden, Unterdrückung und Auflehnung kann man nur in Einzelfällen erkennen, da ein Krieg gegen die Mutterstadt als frevelhaft angesehen wurde, beispielsweise die Auseinandersetzung von Korinth und Kerkyra. So wie auch im Fall von Korinth und Kerkyra um Epidamnos 435/33 v. Chr., als ein Krieg zwischen diesen beiden entstanden ist und Korinth sichtlich erzürnt war über die Tochterstadt Kerkyra, da diese, obwohl sie schon vor etlichen Jahrhunderten gegründet wurde, dennoch als Pflanzstadt Korinths, aus der Sicht der Stadt am Isthmus, gesehen wurde und alle Auflehnungen und Auseinandersetzungen als Frevel gesehen wurden. Des Weiteren meinte Korinth, dass ihnen nicht die notwendige Achtung geschenkt wurde, denn *„so machen es wenigsten unsere übrigen Pflanzstädte: Sie halten uns in Ehren und haben alle kindliche Liebe gegen uns. Es ist also wohl unläugbar, daß, da die meisten mit uns zufrieden sind, diese allein wohl keine gegründete Ursache zu ihrem Widerwillen gegen uns haben werden; und daß wir sie nicht auf diese außerordentliche Weise bekriegt haben würden, wenn wir nicht auf die größte Art von ihnen beleidigt worden wären.*"[216]

Jedoch stellt dieses Beispiel eine Ausnahme dar, da, wie Korinth es in ihrer Stellungnahme erklärt, hauptsächlich ein positives und freundschaftliches Verhältnis zwischen Mutter- und Tochterkolonie herrschte, besonders wegen dem Handel, den kultischen und religiösen Verbindungen und der Möglichkeit weitere Siedler in die neu erschlossenen Gebiete zu entsenden, um

---

[216] Thuk.a. I, 38

einerseits an Platz und Gebiet in der griechischen Polis zu gewinnen, andererseits, wie im Fall von Naupaktos, eine Tochterpolis mit wehrtüchtigen Männern zu besiedeln.

Ein ganz anderes Beispiel lieferte uns Thukydides mit seinen Überlieferungen von der athenische Expedition auf Sizilien, die ein Hilfegesuch eines Bundesgenossen als Vorwand nahmen, um auf der Insel intervenieren und Fuß fassen zu können, um folglich ihre sehr weitreichenden Ideen und Strategien umsetzen zu können. Mehrere Sichtweisen konnten hier bestätigt und erkannt werden. Es wurde verifiziert, dass die Festlandgriechen durchaus ein sehr positives Bild von den Poleis der Magna Graecia hatten, besonders wenn man an den Handel, die Ressourcen und den damit zusammenhängenden Reichtum denkt. Andererseits sahen zum Beispiel die Athener die Städte auf Sizilien ihnen weit kulturell, von der Entwicklung und was das Kriegshandwerk betraf unterlegen und haben daraufhin eine Gelegenheit erkannt, hier erfolgreich Eroberungen durchzuführen, um folglich durch die dort vorhandenen Reichtümer und Ressourcen einen großen Vorteil gegenüber ihren Feinden in Griechenland zu gewinnen, was fehlschlug, aufgrund von zwei Aspekten.

Einerseits griff die Metropolis Korinth, wenn auch sehr spät, ein und konnte gemeinsam mit den Spartanern erfolgreich die athenische Westexpedition abwehren. Andererseits sollte auch das Bild, welches die sizilianischen Poleis von den Festlandgriechen, in diesem Fall von den eher verhassten Athenern, hatten, hervorgehoben werden, da, besonders der syrakusianische Hermokrates sehr deutlich bei der bevorstehenden athenischen Gefahr bei der Versammlung in Gela auch den Feinden klar machte, dass ein gemeinsames Vorgehen notwendig ist. In diesem Zusammenhang war auch sehr auffällig, dass den Athenern bei der Ankunft in der Magna Graecia bis auf wenige Dörfer/Städte die Hilfe, und sogar die Lebensmittel- und Wasserversorgung verwehrt wurde, genauso wie der Einlass in die Stadt und der Handel am Markt.

Ein weiterer Aspekt, der bei den Athenern hinsichtlich des Bildes der mutterländischen Griechen von der Magna Graecia von Bedeutung hat, ist der Neid und die daraus zu folgernde Gier.

Die Sizilianer hatten wie bereits erwähnt ausreichend Land, Athen wollte dieses nutzen, um einen Vorteil gegenüber ihren Feinden zu schaffen, ohne zu berücksichtigen, dass dort bereits Griechen leben. Sie hatten im Gegensatz zu manchen ihrer Feinde wie Korinth oder Megara keine Kolonien in der Magna Graecia und somit auch weniger Handlungsmöglichkeiten, wobei vielmehr die Expeditionsbemühungen und das Schaffen von Vorteilen gegenüber ihren Konkurrenten im Vordergrund stand.

In der Heimat Athen sahen die höchsten Verantwortlichen und die Bürger mit Sicherheit nicht die Stadt Syrakus als einen Feind an, sondern als erstes Hindernis zur Realisierung ihrer Pläne und Visionen, die von denen erstellt wurden, die eine Erweiterung der Machtsphäre Athens und die damit verbundene Vernichtung ihrer Gegner vorsahen. Wie zum Beispiel Nikias damals vor der Überfahrt nach Sizilien darstellte, handelt es sich hier um eine andere Welt, in der Athen keinen Platz hat und auch von den dortigen Menschen keine Gefahr zu erwarten ist, so lange, bis man selbst versucht, dort einzudringen.

Die Gier und der Drang nach Macht hat diesen Konflikt ausgelöst. Den Athenern war gleichgültig, ob Griechen oder andere auf Sizilien lebten, im Vordergrund stand ausschließlich die Erweiterung ihres Gebiets und die Erwirtschaftung von Reichtum, wie es auch Thukydides beschreibt, denn *„der große Haufe, das Kriegsvolk, hoffte schon jetzt dabei Geld zu verdienen und einen Machtbereich dazu zu erobern, aus der ihm für alle Zeit ein täglicher Sold gewiss sei.“*[217]

Sparta und andere Poleis Griechenlands sahen die Magna Graecia genauso wie Athen als einen Zufluchtsort einstiger Generationen an, die dort auch aufgrund von Aufopferungen ein neues Leben begannen, um die in der Heimat in einer schwierigen Situation befundenen Poleis zu entlasten. Außerdem war der Reichtum auch aufgrund des Handels und des florierenden Städtebaus der Insel Sizilien weit bekannt, doch bis zur Expedition Athens kann von einem gewissen

---

[217] Thuk.a. VI, 24

Vakuum gesprochen werden, in dem sich die Poleis Griechenlands befunden haben, da sie sich untereinander permanent bekriegten, und wenn nicht gegenseitig, dann verbündet gegen eine auswärtige Macht wie Persien. Korinth hat im Laufe der Zeit die möglicherweise auch nicht ganz einfachen Beziehungen mit Syrakus gelockert und sich hauptsächlich auf den Handel in und mit der Magna Graecia konzentriert. Syrakus wuchs sehr schnell zu einer der bedeutendsten Poleis auf Sizilien, auch deswegen konnte Korinth so wie es für diese Metropolis in einigen Fällen normal war, die Abhängigkeit ihrer Kolonie nur kurz eng halten.

Die Bevölkerung der Magna Graecia wurde hauptsächlich als fernere Verwandte gesehen, die im Laufe der Zeit immer unbekannter und unbedeutender für die Festlandgriechen wurden. Ausschließlich zu Beginn waren die religiösen und politischen Kontakte eng, verloren an Bedeutung im Laufe der Zeit, besonders dann, wenn Handelsbeziehungen in die einstige Heimat nicht großen Anklang fanden. Die Verbindungen blieben dennoch bis zu einem gewissen Grad bestehen, auch wenn diese wie bereits erwähnt in vielen Fällen sehr schwach waren.

Nebenbei kann auch die Bedeutung der fortwährenden Beziehungen durch ein interessantes Beispiel belegt werden, nämlich als Marseille ihr 2500 jähriges Bestehen feierte: *„Im Jahr 1900 feierte Marseille, die Tochterstadt von Phokaia, ihr 2500jähriges Bestehen. Als Berichte darüber in den Zeitungen erschienen, fragte die Mutterstadt Phokaia in Marseille an, warum sie nicht zu den Feierlichkeiten eingeladen worden sei; man vermißte die schuldige Pietät."*[218] Sogar viele Jahrhunderte nach der Gründung erwartete sich die Mutterstadt eine Einladung und den damit gehörigen Respekt.

Auch der Begriff „Magna Graecia" sollte näher betrachtet werden, um einen Teil der Fragestellung zu beantworten. Die griechischen Kolonisten siedelten nicht nur in Süditalien, sondern wie bereits ausführlich erwähnt auch auf Sizilien, wo sie die unterschiedlichen heimischen Völker

---

[218] Barta in Rollinger (Hrsg) 2007, 37

mit der Zeit verdrängten. In der deutschen Literatur wird immer von den beiden Gebieten (Süditalien und Sizilien) als Magna Graecia gesprochen, obwohl dieser Begriff in geistesgeschichtlicher und geographischer Hinsicht in der griechischen Geschichte ausschließlich auf Süditalien verweist. Ausschließlich Strabo, der ein paar Jahrhunderte später lebte, bezieht Sizilien in die Magna Graecia ein. Eine weitere Bedeutung in Bezug auf die Sichtweise der mutterländischen Griechen auf die Gebiete des heutigen Italiens hatte diese Unterscheidung jedoch nicht, obwohl sich die Kolonien Unteritaliens unabhängig zu jenen auf Sizilien entwickelt haben und im Gegensatz zur Insel weniger Konflikte untereinander vorhanden waren.

Eine Verbindung zwischen Mutter- und Tochterstadt kann oft in der Kunst gefunden werden, da sich Themen und Methoden parallel voneinander entwickelten, was aufgrund der Distanz für einen Austausch spricht. Gedacht wird hier besonders an die unterschiedlichen Keramik- und Skulpturerzeugung Unteritaliens. Des Weiteren sind *„ikonographische Parallelen zum Mutterland in dieser Zeit [...] wenig verwunderlich, da die in vielen unteritalienischen Poleis parallel laufenden aufwendigen Baumaßnahmen in den Heiligtümern zweifellos eine „internationale Anziehungskraft" ausübten, wenn auch [...] ein direkter äußerer Einfluß nicht festzustellen ist. "*[219]

Somit ist festzustellen, dass die Beziehungen und die Sichtweisen der mutterländischen Griechen zu den Poleis der Magna Graecia, wenn überhaupt, nur punktuell waren und hauptsächlich Kontakt zur Mutterpolis vorhanden war, sei es durch kulturelle Feste oder den Handel, der jedoch nicht zu sehr überbewertet werden sollte. Wie durch Pindar zu erkennen ist, werden die Taten mancher Kolonisten, die siegreich bei Spielen in Griechenland waren, über den eigentlichen sportlichen Erfolg gestellt, was durchaus für die Bedeutung und das Zusammengehörigkeitsgefühl von Festlandgriechen und Bewohner der Magna Graecia spricht, wobei auch hier

---

[219] Steininger 1994, 256

gesagt werden muss, dass es zu dieser Zeit alles andere als ein „gemeinsames Griechenland" gegeben hat und hier von einem „ihrer Heimkehrer" gesprochen werden kann.

Es sollte beim Bild der mutterländischen Griechen von der Magna Graecia hauptsächlich der dort vorhandene Reichtum an Ressourcen große Bedeutung zugemessen werden, der durchaus auch als ein möglicher Rohstofflieferant gesehen werden kann. Die Verarbeitung und der Weiterverkauf von Rohmaterialien aus den Kolonien zu Hause und in den umliegenden Regionen (Barbaren in Unteritalien) trugen wesentlich zur Steigerung des Wohlstandes im Mutterland bei.

Abschließend ist noch auf die Sichtweise der Menschen einzugehen, die Auswanderer einer griechischen Polis beziehungsweise Nachfahren ausgewanderter Griechen waren und in Süditalien oder Sizilien geboren wurden. Sahen sich diese als Griechen, Sizilianer oder nur Bürger ihrer Polis? Aufgrund der geringen beziehungsweise gar keinen Kontakte der Individuen mit dem Festland Griechenlands bzw. der Metropolis ist hier hauptsächlich eine Eigenempfindung zur Polis vorhanden, denn die meisten Väter waren Griechen, die Mütter waren Eingeborene und stammten aus dem Umland. Ein Einheitsgefühl von „wir sind Sizilianer" gab es nicht, da die Poleis untereinander auch nicht immer positiv zueinander standen. Dieses Gefühl, nicht eine relevante Verbindung zum griechischen Festland zu haben hatte zur Folge, dass auch ein gewisses Desinteresse an den Vorgängen und Ereignissen in Griechenland vorhanden war. Mit der Zeit verstärkte sich dieses Gefühl, ganz von Bedeutungslosigkeit ist dies nicht, denn auch bei Unruhen in der Metropolis war das Interesse und die Kontaktfreudigkeit von den Poleis der Magna Graecia ziemlich gering.

Somit muss nicht eine einheitliche Beantwortung nach dem Bild der mutterländischen Griechen von der Magna Graecia vorhanden sein, denn je nach Metro- und Tochterpolis und den Kontakten variierte dieses Bild. Es sollte außerdem bedacht werden, dass nicht alle Poleis des griechischen Festlandes eine Kolonie in der Magna Graecia hatten und somit möglicherweise auch viel weniger und ganz andere Berichte und Erzählungen von diesem Gebiet übermittelt wurden.

Sizilien und Unteritalien wurden auch aufgrund der fortschreitenden Jahrzehnte als vom griechischen Festland unabhängige, selbstständige und souveräne Gebiete gesehen und anerkannt, die ihre eigenen Konflikte und Handelsbeziehungen hatten, wobei auch durch Pindars Oden klargestellt wurde, dass ein gewisser Stolz bei den Griechen, auch wenn das Gemeinschaftsgefüge noch nicht existierte, vorhanden war, dass einige von ihnen beziehungsweise Nachfahren von Kolonisten erfolgreich die Kultur und Religion verbreiten.

Abschließend noch ein paar Anmerkungen zu Herodots Überlieferungen. Festgestellt konnte werden, dass die Rolle des Delphischen Orakels weiterhin sehr wichtig für die Menschen in der Magna Graecia war und hier eine religiöse und kulturelle Verbindung weiterhin bestand.

Zweitens konnte mit Hilfe von Herodots Büchern herausgefunden werden, dass die Magna Graecia als Zufluchtsort gesehen und in manchen Fällen auch benutzt wurde, um nicht nur Hungersnöten und Platzmangel zu entkommen, sondern auch Tyrannen und Kriegen, solange es möglich war, zu entfliehen.

Dritter und vielleicht wesentlichster Aspekt ist die Bedeutung und Bezeichnung des Königs Dareios von Susa hinsichtlich des entflohenen ehemaligen Königs von Zankle, nämlich Skythes, der als redlichster Hellene bezeichnet wird, der je nach Susa kam. Daraus kann entnommen werden, dass die Bürger und Menschen der Magna Graecia, auch wenn sie Nachfahren von Kolonisten waren, weiterhin als Hellenen bezeichnet wurden, obwohl diese möglicherweise gar keine Verbindungen und Kontakte mit dem griechischen Festland hatten, was durchaus als sehr wichtiger Bestandteil dieser Arbeit gesehen werden kann. Demnach sahen die Griechen die Einwohner der Magna Graecia als fernere Verwandte bzw. Verwandte von anderen Poleis, die jedoch im Namen der Hellenen Gebiete erobern, um das hellenische Volk auch dort zu verbreiten. Doch auch diese Verbreitung hat nicht dazu beigetragen, eine politische Einigung zu finden, da weiterhin die egoistischen Poleisinteressen im Vordergrund standen. Ein weiteres Anzeichen für den Zusammenhang und die Verbindung von Menschen der Magna Graecia und jenen des griechischen Festlandes kann in den hellenischen Wettkämpfen gefunden werden, da

Barbaren ausgeschlossen waren und nur Hellenen teilnehmen durften, somit auch Sizilianer und Poleis aus Unteritalien. Diese wurden daher als „welche von ihnen" angesehen und erhielten somit die Berechtigung zur Teilnahme.

Literaturverzeichnis

Adamesteanu 1990

Adamesteanu: Greek Colonists and Delphi, in: Jean-Paul Descoeudres (Hrsg). Clarendon Press: Canberra/Oxford 1990

Barta in Rollinger (Hrsg) 2007

Rollinger, Robert (Hrsg.)/ Barta, Heinz/ Lang, Martin: Rechtsgeschichte und Interkulturalität: Zum Verhältnis des östlichen Mittelmeerraums und "Europas" im Altertum. Harrassowitz Verlag: Wiesbaden 2007

Beck 1999

Beck Hans: Ostlokris und die „Tausend Opuntier". Neue Überlegungen zum Siedlergesetz für Naupaktos. Aus: Zeitschrift für Papyrologie und Epigraphik 124 S. 53–62: Bonn 1999

Blumenthal 1965

Blumenthal, Ekkehard: Die altgriechische Siedlungskolonisation im Mittelmeerraum unter besonderer Berücksichtigung der Südküste Kleinasiens. Selbstverlag des Geographischen Institutes der Universität Tübingen: Tübingen 1965

Boardman 1981

Boardman, John: Kolonien und Handel der Griechen. Vom späten 9. bis zum 6. Jahrhundert v. Chr. Übersetzung aus dem Englischen: C.H. Beck'sche Verlagsbuchhandlung: München 1981

Bremer 1992

Bremer, Dieter: Pindar Siegeslieder.Artemis & Winkler Verlag: München 1992

Brodersen 1992   Brodersen, Kai/ Günther, Wolfgang/ Schmitt, Hatto: His-
                          torische griechische Inschriften in Übersetzung. Wissen-
                          schaftliche Buchgesellschaft: Darmstadt 1992

Cancik/ Schneider 2002   Cancik, Hubert/ Schneider, Helmuth (Hrsg.): Der neue
                          Pauly. Enzyklopädie der Antike. Band 12/1 Tam-Vel.
                          Metzlersche Verlagsbuchhandlung: Stuttgart 2002

Diod.   Kagan, Donald: Perikles, die Geburt der Demokratie.
                          Klett-Cotta Verlag: Stuttgart 1992

Ehrhardt 1983   Ehrhardt Norbert: Milet und seine Kolonien. Verglei-
                          chende Untersuchung der kultischen und politischen Ein-
                          richtungen. Peter Lang Verlag GmbH: Frankfurt am Main
                          1983

Faure 1981   Faure, Paul: Die griechische Welt im Zeitalter der Kolo-
                          nisation. Philipp Reclam: Stuttgart 1981

Graham 1964   Graham, Alexander John: Colony and mother city in an-
                          cient Greece Univ. Press: Manchester 1964

Hdt.a.   Haussig H. W. (Hrsg.): Herodot Historien. Alfred Körner
                          Verlag: Stuttgart 1955

Hdt.b.   Feix, Josef: Herodot Historien. Erster Band. Bücher I-V.
                          Artemis & Winkler Verlag: Düsseldorf 2000

Heilmann 1938   Heilmann, Johann David: Thukydides. Geschichte des Pe-
                          loponnesischen Krieges aus dem Griechischen übersetzt.
                          Verlag von Philipp Reclam: Leipzig 1938

Hodge 1998   Hodge, Trevor: Ancient Greek France. Duckworth & Co.
                       Ltd.: London 1998

Kirsten 1963   Kirsten, Ernst / Buchholz, Ernst Wolfgang / Köllmann,
                       Wolfgang: Raum und Bevölkerung in der Weltgeschichte.
                       Kartenteil u. 1. Teil: von der Vorzeit bis zum Mittelalter.
                       A.G. Ploetz Verlag: Würzburg 1963

Köhnken 1970   Köhnken, Adolf: Hieron und Deinomenes in Pindars Ers-
                       tem Pythischen Gedicht. Franz Steiner Verlag: Bonn 1970

Mertens 2006   Mertens, Dieter: Städte und Bauten der Westgriechen.
                       Von der Kolonisationszeit bis zur Krise um 400 vor Chris-
                       tus. Hirmer Verlag: München 2006

Miller 1997   Miller, Theresa: Die griechische Kolonisation im Spiegel
                       literarischer Zeugnisse. Gunter Narr Verlag: Tübingen
                       1997

Morris 1884   Morris, Charles D: The Relation of a Greek Colony to Its
                       Mother City. The American Journal of Philology: Balti-
                       more 1884, pp. 479-487

Murray 1998   Murray, Oswyn: Das frühe Griechenland. Geschichte der
                       Antike. 6 Ausgabe. DTV Deutscher Taschenbuch: Mün-
                       chen 1998

Plat.a.   Blumenthal, Ekkehard: Die altgriechische Siedlungskolo-
                       nisation im Mittelmeerraum unter besonderer Berücksich-

tigung der Südküste Kleinasiens. Selbstverlag des Geographischen Institutes der Universität Tübingen: Tübingen 1965

Plat.b.   Friedrich Schleiermacher: Platons Werke. G. Reimer Verlag: Berlin 1828

Rohrbach 1960   Rohrbach, Hans Hermann: Kolonie und Orakel. Diss.: Heidelberg 1960

Schadewaldt 1981   Schadewaldt, Wolfgang: Die Anfänge der Geschichtsschreibung bei den Griechen. Suhrkamp Taschenbuch Verlag: Frankfurt am Main 1982

Steininger 1994   Steininger, Urte: Die archaische und frühklassische Großplastik Unteritaliens und ihr Verhältnis zum Mutterland. Lit Verlag: Münster 1994

Strab.a.   In Ekkehard *Blumenthal*: Die altgriechische Siedlungskolonisation im Mittelmeerraum unter besonderer Berücksichtigung der Südküste Kleinasiens. (Tübingen 1963)

Strab.b.   Radt, Stefan: Strabons Geographika, Band 6. Vandenhoeck & Ruprecht: Göttingen 2002

Stickler 2010   Stickler, Timo: Korinth und seine Kolonien. Die Stadt am Isthmus im Mächtegefüge des klassischen Griechenland. Akademie Verlag GmbH: Berlin 2010

Thuk.a.   In Heilmann, Johann David: Thukydides. Geschichte des
                   Peloponnesischen Krieges aus dem Griechischen über-
                   setzt. Verlag von Philipp Reclam: Leipzig 1938

Thuk.b.   In Hornblower, Simon: A Commentary on Thucydides
                   Volume I, Books I-III. Clarendon Press: Oxford 1991

Xen.   In Miller, Theresa: Die griechische Kolonisation im Spie-
                   gel literarischer Zeugnisse. Gunter Narr Verlag: Tübingen
                   1997

Abbildungsverzeichnis

Abbildung 1   http://www.deviantart.com/morelikethis/artists/193228950?view_mode=2

(26.8.2013)

Abbildung 2   http://ikariaki.gr/wp-content/uploads/2013/05/magna_grecia-300x282.jpg

(20.9.2013)

Abbildung 3   http://upload.wikimedia.org/wikipedia/commons/1/1c/Silphium.jpg

(30.10.2013)

Anhang

Zusammenfassung

Diese Arbeit behandelt die Sichtweise der mutterländischen Griechen von Süditalien und Sizilien, was in Zusammenhang mit der Entstehungsgeschichte der Großen Kolonisationsphase, der Rolle des Delphischen Orakels, der Landsuche, Niederlassung, Eroberung und Verschmelzung mit der dort einheimischen Kultur steht. Aufgrund der wachsenden Städten und dem florierenden Handel, der zu weitverbreitetem Wohlstand in der Magna Graecia führte, kommt die Frage auf, ob die Griechen des Mutterlandes Neid und Abneigung gegenüber den Hellenen in Unteritalien und Sizilien hatten. War aufgrund dieses Reichtums sogar ein Märchenbild in den Köpfen der Festlandgriechen vorhanden? Oder war das Bild ein ganz anderes und es wurde gedacht, dass die Städte der Magna Graecia unterlegen und kulturell nicht weit entwickelt seien?

Ergebnis ist, dass es keine einheitliche Beantwortung gibt, da das Bild von Metro- und Tochterpoleis und den Kontakten variierte. Des Weiteren sollte bedacht werden, dass nicht alle Poleis des griechischen Festlandes eine Kolonie in der Magna Graecia hatten und somit möglicherweise auch weniger und ganz andere Berichte und Erzählungen von diesem Gebiet übermittelt wurden. Sizilien und Unteritalien wurden auch aufgrund der fortschreitenden Jahrzehnte als vom griechischen Festland unabhängige, selbstständige und souveräne Gebiete gesehen und anerkannt, die ihre eigenen Konflikte und Handelsbeziehungen hatten, wobei auch durch Pindars Oden klargestellt wurde, dass ein gewisser Stolz bei den Griechen, auch wenn das Gemeinschaftsgefüge noch nicht existierte, vorhanden war, dass einige von ihnen beziehungsweise Nachfahren von Kolonisten erfolgreich die Kultur und Religion verbreiteten.

Abstract

The subject matter of this thesis is the prospect of indigenous Greeks from South Italy and Sicily and their association with the evolutionary history of the "big phase of colonization", as well as the role of the Delphic Sibyl, "land search", settlement, conquest and fusion with the local culture. Due to flourishing trade and growing cities, prosperity was widespread and raises the question of whether motherland Greeks were envious and averse to the Hellenes of Lower Italy. Was this as a result of fairytale-esque prosperity in the heads of the mainland Greeks? Or was the picture completely different and were the cities of the Magna Graecia actually inferior and culturally undeveloped?

The result is that there is no integrative answer because the prospect of metro- and daughter cities and their contacts varied. Furthermore, it should be considered that not all poleis of the Greek mainland had a colony in the Magna Graecia and possibly therefore there were less and differing reports and stories from this area. Due to the proceeding decades, poleis in Sicily and South Italy were seen from mainland Greece's view as sovereign, independent and autonomous with their own conflicts and trade relationships. It was clarified through the Pindaric Odes that a certain amount of Greek pride, even if the structure of society did not yet exist, was given by the victories in the Magna Graecia. Furthermore, motherland Greeks were proud that the hellenic culture and religion spread successfully due to the colonists and their descendants.